Kurt Tepperwein

Jetzt geht`s los!

Kurt Tepperwein

Jetzt geht`s los!

Wie man mit Segnen sein Leben und die Welt verändet

1. Auflage

2022 © IAW Anstalt

ISBN: 978-3-7543-5974-7

Die Deutsche Nationalbibliothek verzeichnet diese Publikation
in der Deutschen Nationalbibliografie; detaillierte bibliografische Daten
sind im Internet über www.dnb.de abrufbar.

Buchgestaltung und Cover: layart.li
Umschlagmotiv: © depositphotos.com
Illustrationen: © depositphotos.com

Herstellung und Verlag: BoD – Books on Demand, Norderstedt
Made in Germany

Inhaltsverzeichnis

Verschiedene Körper erscheinen in deinem Bewusstsein, doch du selbst bist immer nur das Eine, warst es immer und wirst es immer sein. Segnen hilft dir dabei, dir dieser unsichtbaren Tatsache bewusst zu werden und sie als Wahrheit zu erfahren.

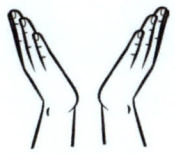

Die vergessene Kunst des Segnens

Zu lieben, ist Segen, geliebt zu werden Glück. Leo Tolstoi

Kannst du dich daran erinnern, wie oft du schon etwas gesegnet hast? Hast du das überhaupt schon einmal getan, und wenn ja, wie fühltest du dich dabei? Was Menschen erleben, wenn sie Tiere, Menschen, Situationen oder Dinge in ihrem Leben segnen, ist tief verwunderlich. Aber auch irgendwie normal, denn wer seinen inneren Segen ausspricht, gibt sozusagen ein Statement ab. Er fungiert mit liebevollem Bewusstsein und bezeugt wohlwollend, dass er mit allem im Einklang ist.

Mit den schönen Dingen und Momenten des Lebens im Einklang zu sein, ist leicht. Wer die unangenehmen Dinge aus reinem Herzen segnen kann, „weiß", dass alles seine Ordnung hat. Er hat es realisiert, denn etwas zu „wissen" ist nicht gleichzusetzen mit Wissen. Eine innere Überzeugung hat nichts mit rationalem Wissen zu tun. Inneres Wissen beruht auf einer Gewissheit, die unum-stößlich, unangreifbar und gefestigt ist.

Alles kommt, wie es kommt und wir können es annehmen oder auch nicht. Unangenehmes abzulehnen, ändert nichts an der Situation und deswegen ist es unabdingbar, Herausforderungen voll und ganz anzunehmen.

Das Leben hat seine eigene Ordnung, seinen eigenen Weg. Mit dieser Ordnung müssen wir nicht einverstanden sein, sondern uns ihr nur hingeben. Das ist der Schlüssel zur Zufriedenheit.

Segnen hat eine Leichtigkeit und entspringt keinem Vorhaben. Segnen ist absichtslos, denn wer es sich vornimmt oder gar noch etwas dabei erwartet, hat nicht verstanden, um was es hier geht. Segnen ist eine Geste, die von innen herrührt und ganz natürlich geschieht.

Segensreiche Gedanken müssen nicht unbedingt ausgesprochen werden, sondern können sich im Stillen entfalten, um allumfassend zu wirken. So wie du einen Baum bewunderst, der so kraftvoll und stark den Stürmen trotzt und stets im neuen Gewand in voller Farbenpracht leuchtet, so ergießt sich der Segen über etwas. Und zwar ganz von selbst und natürlich, ohne dass du etwas wollen müsstest.

Wer sich dem Segnen annähert und damit Neuland betritt, sollte sich dem Ganzen natürlich mit all seinen Sinnen widmen, sich damit auseinandersetzen und es zelebrieren. Es beginnt mit einer gewollten Handlung. Nach und nach geht es durch eine kontinuierliche bewusste Haltung in eine automatische Selbstverständlichkeit über, bis *du* zum Segen wirst!

Es gibt keine Trennung zwischen dir und dem, was du erlebst. Du erschaffst Trennung, weil du davon überzeugt bist.

Weil du die Dinge alle nacheinander betrachtest, anstatt sie gleichzeitig wahrzunehmen.

Weil du dich als Einzelperson erachtest, die von allem getrennt ist und dir deine Körperlosigkeit völlig fremd erscheint. Weil du gar nicht in Betracht ziehst, dass du mehr bist, als du dir vorstellen kannst …

Was bedeutet Segnen und wo kommt es her?

Wenn Menschen einander segnen, sagen sie sich gegenseitig etwas Gutes von Gott zu (lateinisch „benedicere" - abgeleitet von „bene" (gut) und „dicere" (sagen)). Denn nach dem Verständnis der Bibel ist Gott die Quelle aller guten Gaben. „Jede gute Gabe und jedes vollkommene Geschenk kommt von oben, vom Vater der Gestirne, bei dem es keine Veränderung und keine Verfinsterung gibt." (Jak. 1, 17). Wenn mir jemand den alten christlichen Segenswunsch „Gott segne dich!" oder „Jesus segne dich!" zusagt, meint sie oder er es also wirklich gut mit mir. Quellenangabe: Berger, Rupert (2008): Neues Pastoralliturgisches Handlexikon. Freiburg: Herder.

In vielen Religionen steht Segnen für ein Ritual, das meist durch ein Gebet ausgedrückt wird. Der wohl bekannteste Segen ist *Urbi et orbi* oder *Benedictio coram populo,* der durch den Papst erteilt wird. Das geschieht unter feierlichem Rahmen zu Ostern, an Weihnachten und nach dem ersten öffentlichen Auftritt des neu gewählten päpstlichen Kirchenoberhauptes. Dieser Segen soll die göttliche Kraft, also Gnade, erteilen.

Wenn wir uns das genauer ansehen, setzt diese Geste ja voraus, dass es Dinge gibt, die Gnade verlangen bzw. benötigen. Dies wiederum heißt, dass es Unterschiede gibt und dass der Segen hier ist und dort nicht. Der Papst verfügt über ihn und erteilt ihn.

Warum sollte das nur ihm zustehen oder nur er dazu bemächtigt bzw. befähigt sein?

Wenn vor Gott alle gleich sind und es zwischen allen Lebewesen im Grunde genommen keine Unterscheide gibt, warum ist dann nicht alles ein Segen, nicht alles segensreich und jeder ein Segen?

Du meinst, es wäre anmaßend, alles als Segen zu bezeichnen?

Du meinst, es wäre anmaßend, alles als Segen zu betrachten?

Du meinst, es wäre anmaßend, wenn jeder nach Belieben seinen Segen erteilt?

Warum? Vielleicht ist es genau so, wie wir es uns nicht vorstellen können, nämlich dass überall, wo man hinschaut, Segen ist. Warum es dann Krieg, Streitereien und Hass gibt? Weil man die Tatsache nicht erkannt hat oder besser gesagt die Menschen es weder glauben noch in Erwägung ziehen wollen. Und genau das ist der Grund, warum die Welt so ist, wie sie ist. Dramatisch und unangenehm, ein unerkannter Segen.

Auch ein religiöser Segen mag heilsam sein, doch Gnade wird im alltäglichen Leben ja meistens dort erhofft, wo etwas schiefläuft. Zumindest empfindet man es so. Wer um Hilfe fleht, auf Gnade oder Veränderung hofft, hat nicht erkannt, dass seine Situation bereits Gnade ist. Nicht unbedingt die erhoffte Gnade von Verbesserung oder Erleichterung, sondern eine unerkannte Gnade, deren Gründe meistens unentdeckt bleiben. Wir müssen nicht immer wissen, warum Dinge geschehen oder so sind, wie sie sind.

Haben wir doch endlich Vertrauen in das Leben, dass alles seine Richtigkeit hat, auch wenn es schmerzt. Schmerz und Kummer entstehen, wenn wir etwas ablehnen. Was also spricht dagegen, das Leben zu umarmen und mit ihm zu fließen?

Wie wäre es, wenn wir alles, was uns widerfährt, als Gnade wahrnehmen und erleben könnten?

Stell dir für einen Augenblick vor, dass alles Gnade ist. Ganz gleich was. Alles, was du erlebst, dich umgibt, kränkt und schmerzt, freut und erfüllt, all das sei Gnade: die Kündigung, die Trennung, der Streit, die Vergebung. Könntest du dich mit diesem Gedanken anfreunden?

Ich finde jeden Glauben wunderbar, da er den Menschen Kraft verleiht und Zuversicht schenkt. Wie kann ein Anker etwas Verkehrtes sein? Ganz gleich, woran man glaubt, wichtig ist, dass man in schwierigen Zeiten auf etwas zurückgreifen kann, was einen hält. Doch der Segen hat meines Erachtens nichts mit Religionen zu tun, auch wenn das Wort von dort herrührt und es wohl die meisten Menschen damit in Verbindung bringen. Jeder soll glauben und denken was er möchte, doch vergessen wir nicht, dass Religionen seit jeher dazu benutzt worden sind, um Menschen zu kontrollieren und zu manipulieren. Werfen wir einen Blick auf das Thema Schuld. Es ist weitgehend eine katholische Prägung, sich ständig für etwas schlecht zu fühlen und so selbstverständlich zwischen Gut und Schlecht zu unterscheiden. Das treibt nicht nur einen Keil zwischen Menschen, sondern tut auch der Gesellschaft nicht gut.

Schlussendlich schadet man sich mit jeder Kritik selbst. Dies zu wissen, ist Gold wert. Weiß man es, lässt man es vielleicht bleiben oder überlegt noch einmal, bevor man ein voreiliges Urteil fällt.

Das darf ich, das darf ich nicht. Das gehört sich, das gehört sich nicht. Das soll ich und das soll ich nicht. Man verurteilt nicht nur andauernd andere, sondern auch sich selbst ständig für etwas und das rührt vom Katholizismus her, der in uns tief verwurzelt ist. Auch ungläubige Menschen können davon betroffen sein, denn wir haben alle schon ein Päckchen ins Leben mitgebracht, das auch katholische Prägungen beinhaltet.

Es ist natürlich auch eine kollektive Angelegenheit, die uns alle betrifft und weltumspannend Einfluss auf uns nimmt. Ob wir wollen oder nicht, wir bekommen schon viel mit ins Leben und können kaum unbefangen reagieren, denken und sein.

Bis zu dem Alter, wo wir ins Ich-Bewusstsein reinrutschen und uns über eine Person definieren, ist das anders. Ach wie herrlich, wie offen und vertrauensvoll kleine Kinder durchs Leben stolpern und nur das Gute sehen. Kein Wunder: Wer noch nichts anders erlebt hat, ist nicht im Zwang und Programm gefangen, alles ständig vergleichen und kontrollieren, bemängeln und interpretieren zu müssen.

Weil ganz kleine Kinder in der Regel keine Widerstände oder Ängste kennen, heißt es nicht umsonst: Werdet wie die Kinder. Aber auch das wird oft falsch verstanden, denn bei einem Kind entschuldigen wir viel, weil es ja noch so klein ist.

„Werdet wie die Kinder" bezieht sich auf ein Leben voller Vertrauen und Zuversicht. Auf alle Lebewesen zuzugehen, ohne ihnen Schaden zuzufügen, weder in Taten noch im Gedanken.

Dies gelingt, sobald der Mensch zu sich selbst erwacht. Das bedeutet, er rutscht vom Ich-Bewusstsein ins Wir-Bewusstsein und geht letztlich darüber hinaus. Ein Leben aus der Wahrnehmung frei von Urteil und Vergleich ist möglich. Unbewusst oder bewusst arbeiten wir alle daran.

Dieses Buch bezieht sich auf keine Religion. Es verwendet das Wort Segen im Sinn einer Glück bringenden Geste, die aus dem Herzen strömt, die Seele beglückt und sich durch großes Wohlwollen und Anteilnahme auszudrücken vermag.

Nimm dein Leben in die Hand

Wahrer Segen ereilt dich, wenn du für alle zum Segen geworden bist. Wahrer Segen ist allumfassende Liebe und grenzt nichts aus, kritisiert nicht und genügt sich selbst.

Wenn du etwas segnest, gibst du dem Leben sozusagen eine Anweisung. Du setzt einen Impuls, der nicht zielorientiert sein muss, sondern sich völlig frei entfalten kann und darf. Frei von Erwartungen gibst du dem Gesegnetem Raum, sich so zu entwickeln, wie es das Leben als richtig empfindet und es für dich zum Besten ist. Das Beste ist nicht immer das, was dir gefällt und dir guttut, vergiss das nicht!

Es geschieht nicht immer das, was du als gut erachtest - und das ist auch vollkommen okay. Es passiert das, was dir entspricht, zu dir gehört und als notwendige Erfahrung zu dir findet. Dem Segen folgt also deine Entsprechung. Jede Erfahrung, ganz gleich wie du sie empfindest oder wie sie von dir wahrgenommen wird, ist immer ein großes Geschenk.

Es gibt keine guten und keine schlechten Erfahrungen. Es sind die Menschen, die Erfahrungen ihre nicht vorhandenen Eigenschaften und Charakter verleihen und sie in eine Schublade stecken. Die Dinge können nur so sein, wie du sie siehst!

17

Erlernen kann man Segnen nicht, aber es sich aneignen und sich im besten Falle daran erinnern. Eine ehrliche Kraft des Segnens, die sich Liebe nennt, steht für Harmonie und Eintracht. Den Umständen wohlgesonnen und mit ihnen einverstanden zu sein, ist keine Akzeptanz, sondern eine vollkommene Bejahung, die in uns allen vorhanden ist.

Sie wartet nur darauf, dass du sie frei von Widerständen zulässt. Erteile ihr freie Fahrt. Weißt du denn nicht, wie gut das tut?

Durch das Segnen verändert sich die Energie. Und zwar die des Segnenden, sowie auch die des Gesegneten. Aber ebenso der Vorgang selbst trägt eine Schwingung mit sich, die insgesamt etwas bewirkt – und zwar im ganzen Universum.

Was du alles segnen kannst

Du kannst alles segnen. Hier ein paar Beispiele, um etwas tiefer in die Materie einzutauchen:

Viele Menschen wünschen sich eine **Partnerschaft**. So oft hat mich die Frage ereilt: Was kann ich gegen die Einsamkeit tun? Gibt es etwas, was ich tun kann, um einen Partner kennenzulernen? Du kannst durchaus auch einen Partner segnen, dem du noch nicht begegnet bist.

Indem du das tust, verändert sich deine Frequenz, die sich für das Gesegnete öffnet, dich sozusagen sichtbar macht. So wirst du resonanzfähig für eine neue Beziehung. Es entsteht eine Bereitschaft für das Wunder einer idealen Partnerschaft und eine Begegnung findet leichter statt.

Das Segnen signalisiert in diesem Fall Bereitschaft, und wenn diese vorhanden ist, wird das, was mit einem in Resonanz steht, angezogen. Wie heißt es so schön: Den passenden Partner kannst du nicht finden, er findet dich. Aber man kann etwas nachhelfen und Segnen ist eine geeignete Methode dafür. Wenn du dich jetzt fragst, wie du nach dem Segnen gefunden wirst, dann hast du diese Sache mit dem Segnen nicht verstanden.

Du brauchst keine Absicht zu haben, lass es geschehen. Es ist ein Unterschied, ob ich auf Biegen und Brechen etwas haben will und Hilfsmittel dazu nutze, um dies zu erreichen, oder ob ich in Leichtigkeit aus einem inneren Impuls heraus mit einer intuitiven Geste daran teilhabe, einen Impuls in die Welt hinaustrage, um dessen Ziel ich mich nicht kümmern muss.

Vertraue und lass diese Frage nach dem Wie, Wann und Wo fallen, denn sie ist es, die genau das verhindert, was du dir ersehnst. Sie enthält Zweifel und der verhindert so ziemlich jede Gelegenheit, was es zu verhindern gilt.

Segne das Essen

Bevor du etwas isst, segne es. Koche mit Freude, Liebe und Hingabe, so wird das, was du zu dir nimmst, gesegnet sein. Wer mit Widerwillen kocht, dabei keine guten Gedanken hegt und es lieblos tut, dem wird das Essen vielleicht dennoch schmecken, aber nicht wirklich guttun. Essen bedeutet mehr als satt zu werden, es ist eine Zeremonie, die heilig ist. Das hört sich in der heutigen Zeit, wo alles schnell gehen muss, eventuell ein wenig komisch an.

Während dem Essen schaust du in das Handy, liest Zeitung oder schaltest den Fernseher ein. Man sollte eigentlich immer bei der Sache sein und eines nach dem anderen machen - und nicht alles gemeinsam. Wer sich voll und ganz auf sein Essen konzentriert, entdeckt einen Dialog mit sich selbst. Essen ist durchaus auch etwas Zärtliches und Intimes. Gib dir während dem Essen die Chance, dies zu entdecken. Halte inne, sprich ein kurzes Gebet, ein paar gute Gedanken oder besinne dich für einen Moment, bevor du mit der Nahrungsaufnahme beginnst.

Wasser segnen

Dass Wasser ein Energieträger ist und Energien speichert, ist nicht neu. Wasser, das in liebevollem Umfeld gesegnet worden ist oder auf ein Stück Papier mit dem Wort Liebe gestellt wird, hat besonders schöne Kristalle vorzuweisen.

Stell dir vor, du trinkst es, nimmst es zu dir und in deine Zellen auf. Es macht etwas mit dir. Es ist weich und biegsam, genau so wie deine Haltung dem Leben gegenüber sein soll, damit du ein Segen bist für all diejenigen, die dir begegnen.

Masaru Emoto ist kein Unbekannter. Der Parawissenschaftler beschäftigte sich seit den 1990er-Jahren mit der Erforschung von Wasser. Er stellte fest, dass Wasser von Gedanken und Gefühlen beeinflusst wird, sie aufnimmt und speichert. Seine Eindrücke und Ergebnisse belegte er durch Fotografien, die die Muster von gefrorenem Wasser zeigten, nachdem Gefäße mit Begriffen wie „Danke" oder „Schmerz" beschriftet wurden.

Die Struktur des Wassers sah aus wie ein Eiskristall-Zauberwald oder ein Schlachtfeld. So reagiert übrigens auch unserem Körper, der zu 70 % aus Wasser besteht. Deshalb ist segensreiches Wirken, Handeln und Denken die beste Medizin sowie Gesundheitsvorsorge.

Segne täglich deine **Arbeit** (der ich ein eigenes Kapitel gewidmet habe), deine **Beziehung und Freundschaften**, deine **Nahrung und dein Wasser**. Segne deine **Zukunft**, deine **Gesundheit** und dein **Wohlbefinden**. Aber auch deinen **Erfolg, deine Gewinne und Verluste**! Verluste zu segnen, bedeutet, mit ihnen im Reinen zu sein und sie so anzunehmen, wie sie sind. Ein Gewinn unterscheidet sich vom Verlust prinzipiell nicht, außer dass er angenehmer empfunden wird.

Es sind zwei unterschiedliche Erfahrungen, wobei man eine als gut und die andere als schlecht wahrnimmt Trotzdem sind beide Erfahrungen gleichwertig und ganz gleich, welche es ist, sie ist gnadenvoll, eine Bereicherung und ein absolutes Geschenk. Warum das so ist, das musst du nicht ergründen, aber mit einer bewussten Lebenshaltung kann man ganz schnell durchschauen, was einem das Leben damit sagen will.

Lehrt es mich Geduld und Liebe, Disziplin, Achtsamkeit, Genauigkeit oder Zurückhaltung? Alle Lektionen sind das Ergebnis einer Ursache und meist nicht besonders willkommen, vor allem wenn sie schmerzhaft sind.

Dieses Buch möchte dich nicht belehren. Es schenkt dir Raum, um dich und deine Seele zu entfalten. Du kannst deine Gedankengänge niederschreiben, Fragen festhalten und dir zu dem, was dich bewegt und sich in dir regt, Notizen machen. Ich finde das immer sehr hilfreich, weil man sich dann selbst nicht übergeht und es sich später noch einmal ansehen kann. Während des Lesens kommen die wertvollsten Impulse zu einem geflogen und die werden durch vehementes Weiterlesen missachtet. Deshalb lade ich dich dazu ein, dir mit dem Lesen und Ergänzen Zeit zu lassen. So kannst du dich besser spüren. Was hochkommt, soll meines Erachtens immer betrachtet werden, und damit du dich auch später noch damit auseinandersetzen kannst, reicht es aus, Stichwörter zu notieren. Ich nutze dazu gerne den Rand außen oder bringe Ausrufezeichen an, wenn mich etwas angesprochen hat. Vieles unterstreiche ich. Das gibt mir das Gefühl, dass es in mir angekommen ist und ich es auch dort unterstreiche.

Widme dich deiner Innenwelt in Ruhe, und zwar immer dann, wann dir danach ist und du dir dafür Zeit nehmen möchtest. Außerdem habe ich für dich einige Fragen zusammengestellt, die du dir selbst offen und ehrlich beantworten solltest.

Wenn du auf Fragen stößt, die dir unangenehm sind, dann setz das Segnen gleich um. Segne die Frage. Lass ihr ihren Raum. Du hast auch den deinen. Segne das unangenehme Gefühl, die Ablehnung oder den Widerstand und du wirst umgehend einen Wandel erfahren.

Diejenigen, für die das Segnen noch befremdend ist, können sich herantasten. Wichtig können dabei folgende Schritte sein:

Spontan Segen versprühen

Spüre, was du segnen möchtest und wo es angebracht ist. Nicht alles bedarf eines Segens, wenn rein theoretisch auch alles gesegnet werden kann. Segne nur das, was sich für den Segen öffnet. Du spürst das ziemlich schnell. Lass dir Zeit dabei, lass es sich entwickeln.

Vollziehe das Segnen glaubend, was so viel bedeutet, dass du es mit dem Gefühl tust, als ob es bereits geschehen wäre. Also frage dich nicht: Soll ich segnen? Wie soll ich segnen? Tu es einfach mit dem Bewusstsein und der inneren Überzeugung, dass Segnung jetzt stattfindet. Und zwar in genau diesem Moment, dem du die Kraft verleihst, die dir innewohnt.

Der beste Beweis dafür, dass der Segen harmonisch vonstattengegangen ist, ist das Gefühl der Dankbarkeit. Sei dankbar und erfülle jede Zelle mit Dankbarkeit. Dankbar kannst du nur für etwas sein, was bereits geschehen ist. Deine Dankbarkeit ist somit eine Bestätigung dafür, dass sich Segnung vollzogen hat. Überlasse alles andere dem Universum, das genau weiß, welche Wirkung es dir für welche Ursachen zukommen lässt.

Nimm die noch nicht eingetretene Wirkung in Besitz und erfahre sie als bereits erfüllt. Das ist eine wunderbare Möglichkeit, um dein Leben aktiv zu gestalten.

Es geht darum, sein Bewusstsein segensreich auf das zu Segnende zu richten und die Aufmerksamkeit darauf gerichtet zu halten, bis sich der Segen erfüllt. Das kannst du schon mal in folgenden Bereichen ausprobieren:

✓ Wenn du deine Nahrung segnest, dann liegt dein Fokus auf Wohlbefinden.

✓ Das hungrige Kind würde mit deinem Sandwich überleben, auf dem du so lieblos herumkaust. Schätze jedes Essen, ja, alles, was zu dir gelangt und dich umgibt. Das zu erkennen, ist wahrlich ein Segen.

✓ Wenn du deine Reise segnest, dann liegt dein Urvertrauen in einem harmonischen Ablauf.

✓ Wenn du deine Finanzen segnest, dann hoffe nicht auf viel Geld, sondern sei dankbar für die Fülle. Sie ist ja bereits vorhanden. Nur der Gedanke, der dir sagt, dass dein Konto fast leer ist, verhindert den Fluss, der genau durch diesen Gedanken unterbrochen wird.

✓ Wenn du ein Tier segnest, dann mit dem Wohlwollen, dass für es gesorgt ist und ihm Bestmögliches zuteilwird.

✓ Wenn du deinen Nachbarn segnest, bist du mit dir und ihm im Reinen und damit einverstanden, dass ihr beide das erleben werdet, was eure Entsprechung ist. Wird es dann nicht so empfunden, weiß man, dass auch das gesegnet wurde und ich hier etwas lernen darf. Mehr Respekt, Verständnis, Einfühlungsvermögen, Fürsorge … Deshalb ein kleiner Tipp: Anstatt sich über den Lärm des Nachbarn, seinen bellenden Hund oder sein schreiendes Kind aufzuregen, frag doch einfach mal nach, was du für ihn tun kannst. Das ist keine kleine Geste? Es ist viel mehr als das. Wenn du dich von Ablehnung verabschiedest und Meckern durch Wohlwollen ersetzt, werden sich auch die Umstände ändern. Reiche jemandem die Hand und diese Geste wird hundertfach zu dir zurückkommen.

Segnen ist nicht nur die Zustimmung für eine Veränderung des Gesegneten, sondern bereits die Veränderung selbst.

Arbeit macht das Leben süß!

Arbeit! Arbeit! Segensquelle, Arbeit ist das Zauberwort, Arbeit ist des Glückes Seele, Arbeit ist des Friedens Hort! Heinrich Seidel

Das ganze Leben besteht aus Arbeit. Manch einer mag das als belastend empfinden, doch schlussendlich ist es die Arbeit, die uns auf unserem Weg nicht nur begleitet, sondern auch weiterbringt. Erfüllung liegt in der Arbeit. Nicht nur in der, die wir besonders gerne mögen, sondern in jeder Aufgabe.

Es gibt keine Arbeiten, die sinnlos sind. Alle haben ihren Wert und haben es verdient, liebevoll und ordentlich ausgeführt zu werden. Das ist ein großes Geheimnis. Entschlüsselt man es, führt es unweigerlich zu Zufriedenheit und innerem Frieden.

Ich habe immer viel gearbeitet. Während meiner Schreinerlehre wusste ich am Abend genau, wovon ich müde war. Körperliche Arbeit ist etwas sehr Kostbares und vom Können eines Handwerks kann man ein Leben lang profitieren.

Als Unternehmensberater habe ich noch mehr gearbeitet, vorerst doch sehr verstandesorientiert, aber immer gespickt mit einem Feingefühl und einem gewissen Bewusstsein. Die Weiterentwicklung meiner Arbeit zog unweigerlich in den geistigen

Bereich, wobei Hypnose, Autosuggestion, Mentaltraining, Intuitionsschulung und Bewusstseinserweiterung Hauptthemen waren.

Als ich begann, Bücher zu schreiben und irgendwann sogar davon leben konnte, fühlte ich mich schon privilegiert. Ich war immer schon dankbar, aber diese segensreiche Fülle, die mein Leben überflutete, wurde mir erst später so richtig bewusst. Ich blicke auf ein segenreiches Leben zurück und habe so vieles bei Menschen bewirkt und ihnen weitergeben dürfen, dass dies von einem natürlichen Segen begleitet ist. Das Ursache-Wirkungs-Prinzip ist hier offengelegt und kann nahezu nachvollzogen werden. Es ist ein Geben und Nehmen.

Mein Geben wurde mit Dankbarkeit beschenkt und ich habe viel lernen und erfahren dürfen.

Im Liegestuhl am Pool in der Sonne zu liegen, mag auf den ersten Blick interessanter sein, aber bestimmt nicht segensreicher. Jeder, der krankheitsbedingt für längere Zeit eine Pause einlegen musste, weiß, dass das Nichtstun nach kurzer Zeit unangenehm, ja sogar zur Belastung wird. Spätestens wenn man sich wieder wohler fühlt, spürt man, dass einem etwas fehlt. Man wird sozusagen unzufrieden. Natürlich gibt es auch Menschen, die einfach nur herumlungern.

Ob sie das toll finden, weiß ich nicht, aber auf alle Fälle fehlt ihnen der Lebensinhalt, was sich unweigerlich auf das Gemüt und psychische Wohlbefinden auswirkt. Ein Leben ganz ohne Arbeit, also ein träges Nichtstun, kann zwar als Lebensform gesehen werden, aber man bekommt nichts zurück. Alles im Leben ist ein Austausch, ein Geben und Nehmen, und wer dem Leben nichts gibt, kann auch nichts zurückverlangen. Wir alle haben unsere Lebensaufgabe bereits in die Wiege gelegt bekommen und diese lautet: Selbsterkenntnis.

Der Drang, über persönliche Grenzen hinauszugehen, ist tief in uns verankert, und auch wenn wir ihn nicht wahrnehmen oder ihn ignorieren, es führt kein Weg daran vorbei. Und was nicht in diesem Leben geschieht, kann eventuell im nächsten werden. Wir haben alle Zeit der Welt, unsere eigentliche Heimat wiederzuentdecken, doch der richtige Zeitpunkt ist jetzt.

Warum?

Weil es nichts außer diesem Jetzt gibt.

Dieser eine Moment ist es, der zählt, und wenn wir ganz in ihm ruhen, gibt es weder Richtig noch Falsch, noch Gut noch Schlecht und auch keine Probleme.

Dieses Jetzt ist reiner Segen. Wenn wir nicht daran vorbeileben und im Augenblick, also vollkommen präsent, sind, sind die Chancen groß, dass sich das Leben auf eine wundersame Art und Weise verbessert. Nutze die Zeit! Zeit ist zu kostbar. um sie zu vergeuden. Übertriebenem stundenlangem Nichtstun zu frönen, sich durch Sender zu zappen oder im Internet zu surfen, ist vergeudete Zeit. Sie kommt nicht zurück. Warum nutzt du sie nicht?

Schnell verliert man sich im Zeitvertreib und in der Zerstreuung. Dann sagt man, man habe keine Zeit für dies oder das, aber fünf Stunden durch verschiedene Kanäle zu klicken, das geht?

Nutzen wir die Kostbarkeit Zeit doch dazu, um das Wesentliche zu ergründen und den Segen aufzuspüren. Widmen wir uns unserem Innenleben, unserem Menschsein.

Arbeit soll nicht nur dazu dienen, um unseren Lebensunterhalt zu finanzieren, sondern um sie gewissenhaft zu erledigen, weil das unsere Aufgabe ist.

Wir haben viele Aufgaben. Eine davon ist, in jeder Arbeit Erfüllung zu finden und nicht durch Arbeit Erfüllung zu finden.

„In jeder Arbeit Erfüllung zu finden" basiert auf keiner Suche, es ist besser, es wie folgt zu formulieren: Eine unserer Aufgaben ist es, unseren Aufgaben Erfüllung zu verleihen. Die Arbeit soll also nicht nur uns zum Segen werden, sondern unser Segen in die Arbeit hineingelegt werden. Wer überall und immer aus ganzem Herzen dabei ist, ist auf einem sehr segensreichen Weg.

Arbeit ist ein Segen. Arbeiten zu können auch. Viele Menschen, die aus gesundheitlichen oder anderen Gründen nicht in der Lage sind, wären dankbar, unendlich dankbar, genau das zu tun, was dich anstrengt und nervt.

Meine jetzige Arbeit:

Mein Traumjob:

So empfinde ich meine Arbeit:

Meine Arbeit ist

☐ abwechslungsreich ☐ langweilig ☐ inspirierend ☐ interessant
☐ erfüllend ☐ herausfordernd ☐ nervenaufreibend ☐ nichts für
mich ☐ kreativ ☐ inspirierend ☐ kopflastig ☐ zufriedenstellend
☐ sinnlos ☐ mein Hobby ☐ nichts für die Zukunft ☐ eintönig

Bei meiner Arbeit fehlt mir:

Fehlt dir bei deiner Arbeit zum Beispiel die Freude, warum bringst du ihr dann nicht Freude entgegen? Warte nicht, bis sie zu dir kommt. Die Freude bestimmst du, denn sie ist keine Eigenschaft, die Aufgaben, Objekten oder anderen Dingen innewohnt. Die Freude wohnt in dir. Nur du kannst sie erwecken. Erwarte nicht, dass Freude durch einen Umstand oder einen Menschen zu dir findet, sondern erkenne, dass du dafür verantwortlich bist. Erkenne es und handle danach!

Natürlich kann man sich über Dinge freuen und das ist auch schön. Wie du aber weißt, hält diese Freude nie lange an. Demnach macht es Sinn, sich von vergänglichen Dingen etwas zurückzuziehen und sich mehr um das Unvergängliche zu kümmern.

Warum uns das so schwierig erscheint? Weil der Ort der Erfüllung unsichtbar und nicht über die Sinne wahrnehmbar ist. Er befindet sich nicht im Außen, sondern im Inneren und das Innenleben dürstet nach Aufmerksamkeit und deinem Interesse.

Wenn dich deine Arbeit anstrengt oder nervt, denk stets daran, dass es Menschen gibt, die nicht in der glücklichen Lage sind, deine Aufgabe zu verrichten.

Wofür ich meinem Beruf dankbar bin:

Eine kleine Dankesrede an meinen Job. So von Freund zu Freund:

Ich wollte dir schon immer sagen, dass du ein großer Segen für mich bist. Auch wenn du mich manchmal nervst und es mir nie leicht machst, mit dir kann ich heranreifen und wachsen. Ich will es dir nicht schwer machen und danke dir dafür, dass du mich aushältst, auch wenn ich manchmal launisch bin. Ich weiß, ich müsste dir dankbarer sein, weil du mich durchs Leben trägst und mir vieles ermöglichst. Durch dich kann ich mir ein gutes Leben leisten. Verzeih, wenn ich dich am Wochenende alleine lasse, aber so hast auch du Zeit, dich von mir zu erholen. Ich danke dir für alles. Für unsere Freundschaft und deine Fürsorge. Danke, dass du mich gefunden hast.

Jetzt ist der Augenblick gekommen, um deine Arbeit zu segnen.

Schließe die Augen und besinne dich auf deine Tätigkeit, Fähigkeit und Aktivität.

Lass dein Herz warm werden und fühle die Erfüllung, die in deiner Arbeit liegt.

Nun lass uns uns jetzt beim Leben bedanken, beim Tag, beim Augenblick.

Ich fange schon mal an: Danke für meine Gesundheit, meine Partnerschaft, meine Nahrung, meine heimelige Wohnstätte, fließend Wasser, Strom.

Jetzt du:

Danke für

Vielleicht erachtest du vieles nicht als Segen, weil es alltäglich und somit zur Selbstverständlichkeit geworden ist. Wir sollten uns wieder daran erinnern, wie privilegiert wir leben und immer dankbar auf das blicken, was wir haben. Wer stets auf das schielt, was er nicht hat, hat den wahren Segen verkannt. Zufriedenheit findest du nirgendwo außer in dir selbst, und wenn du das realisierst, bist du wirklich gesegnet.

Alle Menschen sind gesegnet, und zwar weil ihnen ein Leben geschenkt wurde. Jeder trägt den kostbaren Schatz, den Segen, in sich. Wir haben ihn nie verloren, sondern uns irrtümlich von ihm abgewandt. Weil wir unsere Aufmerksamkeit stets auf Dinge richten, die aus dem Bestreben nach Besitz und Vergnügungen heraus entstehen, bleiben wir in dieser Scheinwelt gefangen. Man soll das Leben genießen - und zwar in allen Zügen, doch es ist ein schmaler Genuss, es zu erleben oder sich in ihm zu verlieren.

Vielleicht findest du, dass es zu wenig Momente gibt, die man genießen kann. Dann möchte ich dir sagen, dass das Leben nicht aus einem mühseligen Alltag gespickt mit wenigen genussvollen Momenten besteht. Sondern? Aus unzähligen aneinandergereihten Genussmomenten, die wir einfach nicht sehen und erkennen können.

Der Genuss versteckt sich dort, wo du ihn nicht vermutest. Und weil der Tag mit Gedanken und Gefühlen wie Ablehnung, Widerwillen, Abneigungen und Erwartungen vollgestopft ist, kannst du seinen Wert und seine Tiefe nicht erkennen. Mit geschlossenen Augen kann man die Sonne nicht sehen. Blickt man auf die Rinde eines Baumes, kann man seine Blätter nicht sehen. Wo auch immer du die Aufmerksamkeit hin richtest, wirst du dich wiederfinden. Verliere dich nicht in deinen Emotionen und Vorlieben, wage dich an ihren Ursprung heran.

Wenn du wieder mal keine Lust hast oder nicht in die Gänge kommst, dann denke daran:

✓ Der gehbehinderte Mann würde liebend gerne seiner Hausarbeit nachkommen, wozu du dich überwinden musst.

✓ Das Kind ohne Hand würde sehr gerne deine Weihnachtspost schreiben, zu der du dich nicht aufraffen kannst.

✓ Die bettlägerige alte Dame würde mit Freude den Einkauf erledigen, den du als anstrengend empfindest.

✓ Der Inhaftierte würde gerne einen deiner Spaziergänge machen, zu denen du keine Lust hast.

Vielleicht fällt dir ja auch noch etwas ein:

Folgender Abschnitt ist für Menschen gedacht, die gerade keiner regelmäßigen Tätigkeit nachgehen. Wenn es dich nicht betrifft, kannst du zum nächsten Kapitel übergehen.

Wenn ich derzeit keine Arbeit habe – was wünsche ich mir?

Das ist mein nächster Schritt:

Ich segne die Situation der Arbeitslosigkeit und bin jetzt bereit, mich für eine neue Aufgabe zu öffnen. Ich nutze die wertvollen Momente, die mir jetzt geschenkt werden, und setze mich mit mir auseinander.

Jetzt habe ich Zeit, mich selbst kennenzulernen und meine Schwächen zu betrachten. Ich lasse sie los und strukturiere meinen Tag. Ich bemühe mich, mich nach innen zu wenden, meine Seelenwelt ernst zu nehmen und sie von Altlasten zu befreien. Ich nutze den Tag:

☐ Ich widme mich mir selbst
Meine Innenbildung sieht wie folgt aus:

☐ Ich bilde mich weiter
So sieht meine Aus- und Weiterbildung aus:

☐ Ich halte meinen Körper fit
Mein Fitnessprogramm sieht wie folgt aus:

☐ Ich gestalte den Tag voller Disziplin
Folgende Abläufe sind für mich optimal:

☐ Ich nutze die Zeit, um für andere etwas zu tun
Folgenden Menschen möchte ich zur Hand gehen:

----------------------- helfe ich bei -----------------------------

----

----------------------- helfe ich bei -----------------------------

----

----------------------- helfe ich bei -----------------------------

----

☐ Herzensangelegenheit erfüllen

Was ich immer schon machen wollte und jetzt umsetzen kann:

☐ ---

☐ ---

☐ ---

Es liegt ein großer Segen darin, wenn dich deine Arbeit gedankenlos macht.

Dem Segen auf der Spur

Die Macht des Segens ist jederzeit bereit, für dich tätig zu werden und dein ganzes Leben segensreich zu verändern.

Nehme ich mir für ein segensreiches Dasein Zeit?
☐ Ja ☐ Nein Immer ☐ Selten ☐ Gelegentlich ☐ Weiß nicht

Lebe ich folgende Werte?
(Bitte ankreuzen)

	Gar nicht bis wenig					mittel		ausreichend		
	1	2	3	4	5	6	7	8	9	10
Hingabe	☐	☐	☐	☐	☐	☐	☐	☐	☐	☐
Demut	☐	☐	☐	☐	☐	☐	☐	☐	☐	☐
Dankbarkeit	☐	☐	☐	☐	☐	☐	☐	☐	☐	☐
Geduld	☐	☐	☐	☐	☐	☐	☐	☐	☐	☐
Achtsamkeit	☐	☐	☐	☐	☐	☐	☐	☐	☐	☐
Segen spendend	☐	☐	☐	☐	☐	☐	☐	☐	☐	☐

Kreuze die Eigenschaften an, wo du weniger als 5 Punkte hast:

☐ Hingabe
☐ Demut
☐ Dankbarkeit
☐ Geduld
☐ Achtsamkeit
☐ Segen spendend

Verwandle deine Schwäche in eine Stärke, indem du die Eigenschaft hier und jetzt segnend in dein Leben einlädst. Sprich laut:

_____ (Eigenschaft einsetzen)
ich segne dich!
Ich lade dich ein und nehme dich dankbar an. Ich fühle dich in mir und erlaube es mir jetzt, mich an dich zu erinnern, damit du dich voll und ganz entfalten kannst.
_____ (Eigenschaft einsetzen)
ich segne dich!

Bin ich mir selbst ein Segen?
☐ Ja ☐ Nein Immer ☐ Selten ☐ Gelegentlich ☐ Weiß nicht

In meinem Verhalten
☐ Ja ☐ Nein Immer ☐ Selten ☐ Gelegentlich ☐ Weiß nicht

Mit meinen Ansichten und Meinungen
☐ Ja ☐ Nein Immer ☐ Selten ☐ Gelegentlich ☐ Weiß nicht

Mit meinen Vorstellungen
☐ Ja ☐ Nein Immer ☐ Selten ☐ Gelegentlich ☐ Weiß nicht

Mit meinen Erwartungen
☐ Ja ☐ Nein Immer ☐ Selten ☐ Gelegentlich ☐ Weiß nicht

Habe ich Geduld mit mir?
☐ Ja ☐ Nein Immer ☐ Selten ☐ Gelegentlich ☐ Weiß nicht

a) Wie kann ich das Leben anderer segensreich bereichern oder verändern? b) Und wie kann ich das für mein eigenes Leben nutzen?

a)

----

b)

Wie kann ich auf _____ (Situation einsetzen)
segensreich einwirken:

Welcher Mensch oder welche Situation könnte einen Segen, mein Wohlwollen, mein Vertrauen gut gebrauchen?

In diesen Bereichen will ich _____ (Name einsetzen) ein Segen sein:

Wie genau will ich ihn unterstützen, ihm zur Hand gehen?

Was kann ich ihm abnehmen?

Bin ich ein guter Zuhörer und nehme ich mir für meine/n
_____ (Partner, Mutter, Vater, Kind,
Nachbarn, Freundin etc.) Zeit?
☐ Ja ☐ Nein Immer ☐ Selten ☐ Gelegentlich ☐ Weiß nicht

Segne jeden Atemzug sowie dein segensreiches Leben.

Wenn du dir unsicher bist

Keine Angst vor Segnungen! Aller Anfang erscheint schwer und es geht nicht darum, wie du es machst, sondern vor allem darum, dass du es machst. Viele Menschen zweifeln an ihrer Kraft und Fähigkeit, doch jeder Mensch verfügt über dieselben Möglichkeiten. Auch wenn jemand mehr Feingefühl, Talent oder Spontaneität besitzt, so ist doch immer nur der erste Schritt wegweisend.

Wenn du einen Schritt gehst, musst du nicht denken: Jetzt bin ich einen Schritt gegangen und wie geht es nun weiter? Geh einfach, voller Mut, aber bedacht und stets der Stimme deines Herzens folgend. Es ist wie mit den Dominosteinen. Entscheidest du dich dazu, dass einer fallen soll, fallen alle, ohne dass du es beeinflussen kannst. Es geschieht etwas.

Jeder Schritt, also jede Handlung und jeder Gedanke, zieht eine Wirkung nach sich. So ist es eigentlich mit allem und daher natürlich auch mit dem Segnen.

Segnen ist eine Ursache und auf jede Ursache folgt eine Wirkung. Alles hat eine Auswirkung, weil alles schwingt. Und alles, was schwingt, bewegt sich. Und Bewegung bringt Veränderungen mit sich.

Alles, was du tust, gehört zu dir. Es ist das, was dich ausmacht. Das bist du! Wir sollten für all unsere Handlungen Verantwortung übernehmen und auch für das, was wir nicht tun. Das bedeutet, dass auch das Unterlassen eines Schrittes Folgen nach sich zieht, ganz gleich ob dies bewusst oder unbewusst geschieht. Denn nach jeder Handlung, nach jedem Schritt erfolgt etwas und die Folge ist vom vorhergehenden Schritt, Gedanken, Gefühl etc. abhängig.

Nehmen wir an, du stehst frühmorgens auf und dein Gefühl sagt dir, nicht den Bus zu nehmen. Du ignorierst das und fährst trotzdem mit dem Bus. Dort triffst du jemanden, dem du eigentlich lieber nicht begegnet wärst. Wärst du deinem Gefühl gefolgt, wäre das nicht passiert. Nun, weil du das ignoriert hast, bist du mittendrin in dieser Begegnung. Sie löst etwas in dir aus. Eventuell schlechte Gefühle, Gedanken oder auch Worte, durch den Austausch mit dieser Person, der sich ja beim Zufußgehen nicht ergeben hätte.

Nehmen wir an, diese Person lädt dich zu ihrem Geburtstag ein, aber du willst eigentlich überhaupt nicht dorthin. Sie erzählt dir, wer alles eingeladen ist und da fällt auch der Name einer Freundin, die du schon lange nicht mehr gesehen hast. Also rufst du sie nach der Arbeit vielleicht an, um mit ihr zu reden und ihr verabredet euch.

Bei diesem Treffen sind mehrere Personen eingeladen und dort lernst du deinen zukünftigen Partner kennen. Dies spielt keine so große Rolle, denn ob du jetzt sagst, toll, dass ich jemanden kennenlernen dufte oder eigentlich bin ich gar nicht offen für eine Beziehung, ist nicht so wichtig. Wichtig ist, dass es immer richtig ist, wie es ist und du dem Leben vertrauen kannst. Vertraue aber auch dir!

Die neue Bekanntschaft hättest du vielleicht gar nicht oder erst später kennengelernt. Was ich damit sagen will, ist, dass alles seinen Sinn hat, alles miteinander verknüpft ist. Jede Handlung oder Nicht-Handlung stellt andere Weichen. Schlussendlich bestimmt beides eine Richtung. Auch wenn beides in eine ganz andere Richtung geht, die Schienen führen irgendwo wieder zusammen, denn auch wenn alles offen ist, so gibt es doch von Geburt an Tendenzen, in welche Richtung deine Lebensreise führen wird.

Viele Menschen haben verlernt, innere Impulse wahrzunehmen. Es ist ein Segen, wenn du sie spürst und ihnen folgst. Aus eigener Erfahrung weißt du aber sicher auch, wie schnell diese übergangen werden. Ein kurzer Moment, etwas flammt auf, und wenn du es nicht sofort wahrnimmst und umsetzt, ist es auch schon wieder weg.

Oft wurde ich von Menschen gefragt, was ich von dem Buch *Gespräche mit Gott* halte. Ich finde es klasse. Es ist nichts Ungewöhnliches, was Neal Donald Walsch dort niedergeschrieben hat. Was ihm sozusagen passiert ist, passiert dir ständig, aber du nimmst es nicht wahr. Jeder kann mit Gott, seiner inneren Kraft oder wie auch immer er es nennen will, kommunizieren, nur „hört" es kaum jemand. In der Verfilmung seines Buches musste die Stimme laut dargestellt werden, da sie ja gehört werden muss. Wie sonst hätte man es ausdrücken können, damit der Zuschauer es wahrnehmen kann?

Denke stets daran, dass diese „innere Stimme" jederzeit da ist. Und zwar erfolgt die Wahrnehmung nicht über das Ohr, sondern es ist genau dieser eine Moment, der dir vermittelt: Fahr heute nicht mit dem Bus, geh zu Fuß. Dieser Impuls unterscheidet sich nicht von Neals Gesprächen mit Gott.

Weißt du eigentlich, was für ein Segen das ist, dies zu erkennen?
Hast du auch schon bewusst solche Erfahrungen gemacht?
☐ Ja ☐ Nein Immer ☐ Selten ☐ Gelegentlich ☐ Weiß nicht

Folgender Impuls ist mir besonders in Erinnerung geblieben:

Das wünsche ich mir in Bezug auf meine Gespräche mit Gott:

Hab keine Angst und trau dich

Wir wissen so viel und all dieses Wissen hält uns davon ab, ins Handeln überzugehen. Lass das Leben geschehen und begegne ihm stets segensreich. Dann wird es sich auch dementsprechend zeigen.

Denk erst gar nicht darüber nach, wann du es tun oder lassen solltest, sondern segne deine Handlungen durch die Gewissheit, dass es das Allerbeste ist. Lass es aus dir fließen. Sei spontan und intuitiv.

Segne so, als ob du dich auf einen Stuhl setzen würdest. Mit großer Selbstverständlichkeit und aus einer inneren Überzeugung heraus. Du sagst oder denkst ja nicht: So, jetzt versuche ich mich mal hinzusetzen, mal schauen, ob es gelingt. Auch fragst du dich nicht:

Funktioniert es?

Du tust es einfach. Wir beziehungsweise unser Denken steht uns im Weg, nichts anderes.

Warum zweifeln!?

Hab Vertrauen und tu das, was du als richtig erachtest, ohne Wenn und Aber. Überlegungen sind hier fehl am Platz. Es geht ums Tun, um die Ausführung, ums Umsetzen, ums Erleben.

Praxis:

Lass uns das gleich einmal praktisch umsetzen, und zwar in Form von segensreichen Affirmationen, die du jederzeit beliebig anwenden kannst.

Der erste Schritt ist, die Affirmation auf dich wirken zu lassen. Wenn du möchtest, dann sprich sie laut aus, immer wenn dir danach ist. Mach Affirmationen zu deinem Morgenritual. So startest du mit guten Gedanken in den Tag, was äußerst wertvoll und hilfreich sein kann.

✓ Segensreiche Gedanken erfüllen mein Leben.

✓ Es ist wunderbar, wenn ich Wunder zulasse.

✓ Heilende segensreiche Worte schenken mir ein gesundes Körperbewusstsein.

✓ Ich segne den einen Augenblick und alles, was mir heute widerfährt.

✓ Ich segne mein gesundes Mitgefühl für alle liebevollen Wesen. Mögen sie behütet und beschützt sein.

✓ Ich bin vollkommenes, ewiges Bewusstsein und segne alles mit Demut und Liebe.

✓ Mögen alle Wesen für ein liebevolles Miteinander und Füreinander Segen erfahren.

✓ Ein reicher Segen erfüllt das ganze Universum und durchströmt alle meine Zellen.

✓ Wahrer Segen liegt in der Dankbarkeit. Ich bin dankbar für mein Leben.

✓ Ein friedvolles Herz ist segensreich. Alle Widerstände, Ängste und Sorgen weichen jetzt aus meinem Herzen. Es wird still.

✓ Ich weiß, dass mein Herz gesegnet ist. Es strahlt Liebe und Freude aus, die allen Lebewesen dienen soll.

✓ Der Segen der Natur fließt in mich ein und ich nehme ihn dankbar an.

✓ Ach, wie segensreich ist es, dass Tiere und Pflanzen ihre ganze Schönheit versprühen. Ich schaue hin und genieße.

✓ Ich danke, dass sich die Fülle meiner Kreativität entfaltet und segne dieses große Geschenk.

✓ Das Leben liebt mich und segnet mich mit all meinen Erfahrungen.

✓ Ich segne Vergangenes und Zukünftiges und lebe im Segen des Augenblicks.

✓ Ich segne meine Familie und meine Freunde für ein zufriedenes und erfülltes Leben.

✓ Ich kommuniziere mit meinem ganzen Herzen und spüre, dass dieser Segen vollumfänglich zu mir zurückfindet und sich in mir wohlwollend entfaltet.

✓ Ich segne meine Gesundheit und bin dankbar, dass ich auf keine Hilfe angewiesen bin und mein Leben selbstständig gestalten kann und darf.

Meine eigenen segensreichen Gedanken und Impulse:

Der zweite Schritt fördert deine Intuition. Er ruft dich dazu auf, deine Emotionen und deine Liebe zu Papier zu bringen. Ergänze die Affirmation mit deinen Worten und runde sie ab. Hier gibt es kein Richtig oder Falsch und auch kein Gut oder Schlecht. Versuche nicht im Kopf nach Worten zu suchen, sondern lass sie aus deinem Innersten herausfließen. Trau es dir zu, deine Sanftheit, Zärtlichkeit und Freude zum Ausdruck zu bringen.

Beispiele zu:
Segensreiche Gedanken erfüllen mein Leben.

a. Schwere Gedanken lasse ich los und segne sie, bevor sie aus meinem Bewusstsein entschwinden.

b. Ich freue mich auf den Tag und bleibe achtsam und bei mir.

c. Mögen auch alle anderen Lebewesen erfüllt sein von dem, was sie denken und tun.

Segensreiche Gedanken erfüllen mein Leben.

Es ist wunderbar, wenn ich Wunder zulasse.

Heilende segensreiche Worte schenken mir ein gesundes Körperbewusstsein.

Ich segne den einen Augenblick und alles, was mir heute widerfährt.

Ich segne mein gesundes Mitgefühl für alle liebevollen Wesen. Mögen sie behütet und beschützt sein.

Ich bin vollkommenes ewiges Bewusstsein und segne alles mit Demut und Liebe.

Mögen alle Wesen für ein liebevolles Miteinander und Füreinander Segen erfahren.

Ein reicher Segen erfüllt das ganze Universum und durchströmt alle meine Zellen.

Wahrer Segen liegt in der Dankbarkeit. Ich bin dankbar für mein Leben.

Ein friedvolles Herz ist segensreich. Alle Widerstände, Ängste und Sorgen weichen jetzt aus meinem Herzen. Es wird still.

Ich weiß, dass mein Herz gesegnet ist. Es strahlt Liebe und Freude aus, die allen Lebewesen dienen soll.

Der Segen der Natur fließt in mich ein und ich nehme ihn dankbar an.

Ach wie segensreich ist es, dass Tiere und Pflanzen ihre ganze Schönheit versprühen. Ich schaue hin und genieße.

Ich danke, dass sich die Fülle meiner Kreativität entfaltet und segne dieses große Geschenk.

Ich kommuniziere mit meinem Herzen, spüre, dass dieser Segen vollumfänglich zu mir zurückfindet und sich in mir entfaltet.

Ich segne Vergangenes und Zukünftiges und lebe im Segen des Augenblicks.

Ich segne meine Familie und meine Freunde für ein zufriedenes und erfülltes Leben.

Ich segne meine Gesundheit, bin dankbar, dass ich nicht auf Hilfe angewiesen bin und mein Leben selbstständig gestalten kann.

Das Leben liebt mich und es segnet mich mit all meinen unterschiedlichen Erfahrungen.

Der Segen der Stille

Durch Stille geschieht Segensreiches, Stille ist Segen.

Stille ist nicht gleich Stille. Jeder versteht darunter etwas anderes. Es gibt eine **spannungsvolle Stille**, die als unangenehm empfunden wird, wenn ein Tabuthema angesprochen wird, während dem Essen ein Schweigen entsteht, oder sich in der Kommunikation Lücken auftun. Man glaubt, ständig etwas sagen zu müssen, weil man es so gewöhnt ist. Der Redezwang ist eine starke Prägung, es wird geredet und geredet – und das ständig.

Dass Stille heilsam ist, kann man nur erfahren, wenn man es zulässt und sich seiner Gewohnheiten des andauernden Geplappers entledigt. Ich denke, viele Menschen reden nicht nur, weil es ihnen Spaß macht, sondern weil sie von etwas ablenken wollen. Sie reden auch gerne über andere, was letztendlich respektlos ist und von Hochmut zeugt. Wer andere kritisiert, schaut von sich weg und ist sich dieser Schwäche gar nicht bewusst. Es heißt nicht umsonst: Ihr seht den Splitter in den Augen des anderen, aber den eigenen Balken vor dem Kopf seht ihr nicht. Ein segensreiches Leben verzichtet auf ständiges Verurteilen und Kritisieren.

Das Leben wird dann zum Segen, wenn wir damit aufhören, uns über andere auszulassen und es zulassen, still zu werden.

Manche Menschen empfinden Stille als unangenehm, sozusagen als Strafe. Stille muss man aushalten können, denn wenn es still wird, wird man vollumfänglich mit sich selbst konfrontiert. Dies bedeutet, dass Unarten, Schwächen, Untugenden und unsere Unvollkommenheit sichtbar werden.

Das alles kehren wir gerne unter den Teppich, denn wer schaut sich schon gerne seine eigenen Unzulänglichkeiten an? Programme und Muster werden ignoriert. Die Leichen im Keller entwickeln irgendwann eine Eigendynamik, und wenn das Maß voll ist, werden wir dazu gezwungen, den Keller zu entrümpeln. Wir sollten uns, noch bevor es zu unangenehmen Belehrungen kommt, dem Segen der Stille zuwenden und darin unsere Kraft entdecken. Eigentlich ist es gar nicht schlimm, sich die Eigenarten anzusehen, die wir uns im Laufe der Zeit alle angeeignet haben. Wir hatten sie bei der Geburt ja noch nicht. Also ist es etwas, was uns vorübergehend begleitet.

Irgendwann hat sich eine Untugend eingeschlichen, und wenn wir es nicht schon immer hatten, müsste man dieses Laster eigentlich auch wieder ablegen können. Ja, das kann man! Jeder hat diese blinden Flecken und jeder hat in jedem Moment die Möglichkeit, sie anzusehen und hinter sich zu lassen.

Neben der spannungsvollen Stille gibt es eine **entspannte Stille**. In ihr können wir zur Ruhe kommen. Diese Stille finden viele in ihrer Freizeit oder in ihrem Urlaub. Dann reagieren viele mit Krankheit, wenn der Stress nachlässt und man endlich durchatmen kann.

Das mühelose Gleichgewicht findet sich überall und jederzeit, auch wenn es irrtümlich dem Wochenende zugeschrieben wird.

Die Natur ist im Gleichgewicht. Wer sich in ihr wiederfindet und sich ihr zuwendet, wird eine Stille erfahren, die einzigartig ist. Das könnte in eine **andächtige Stille** führen, denn diese ereilt einen, wenn man von der Natur berührt wird oder von ihrer Schönheit überwältigt ist. Eile nicht, wenn du durch den Wald spazierst und verzichte auf Kopfhörer.

Schalte dein Handy aus und genieße die segensreiche Stille von Bäumen, Pflanzen und den Zauber von Vogelgezwitscher, das auch still sein kann.

Die **innere Stille** ist eigentlich nichts, was man erfahren kann, denn sie ist immer vorhanden. Auch wenn es außen noch so laut ist, die Stille im Inneren bleibt davon stets unberührt. Das ewige Geplapper im Kopf, dessen wir uns oft gar nicht bewusst sind, kann dieser Stille in uns ebenfalls nichts anhaben. Wir vernehmen sie nicht, weil wir den ganzen Tag damit beschäftigt sind, uns mit Gedanken auseinanderzusetzen. Wie wollen wir das Leben wahrhaftig erleben, wenn uns das Kopfkino vollkommen vereinnahmt?

Stille kann man nicht üben, man kann an ihrem Segen teilnehmen, wenn man sich die Zeit nimmt und sich auf sie einlässt. Dies bedeutet, sich auf sie einzulassen, sie zuzulassen und sie sein zu lassen. Sie nicht zu wollen, sondern sie als gegeben zu erachten, das ist ein Segen. Ihre Selbstverständlichkeit anzuerkennen, anstatt sie herbeizusehnen, zu erzwingen oder zu wollen, ist eine segensreiche Einstellung. Wer sich ihr öffnet, wird mit Vertrauen und Verbundenheit belohnt werden. Und zwar mit absoluter Stille in unserem Inneren, denn absolute Stille gibt es nur dort.

Menschen, die in der Stadt leben und sich entschließen, aufs Land zu ziehen, weil es dort ruhiger ist, werden Stille anfangs sogar als unangenehm empfinden. Man hat sich an einen gewissen Lärmpegel gewöhnt, was auch segensreich ist, aber nur im Umgang mit diesem.

Dieser Schutzmechanismus blendet Geräusche sozusagen aus, aber trotzdem werden wir ständig mit Lärm konfrontiert, welcher unbewusst Stress erzeugt. Der Mensch lebt mit ständiger Anspannung, sehnt sich nach Entspannung, damit sich Körper und Psyche erholen können. Dass dies wichtig ist, muss ich hier nicht erwähnen.

Wir sehen, was passiert, wenn Menschen in ein Burn-out rutschen. Dies bedeutet, dass man überfordert ist und das Nervenkostüm überstrapaziert. Dieses Überfordertsein trifft immer häufiger zu, da wir dem Druck und den Erwartungen im Alltag kaum noch gerecht werden können. Eine ständig wachsende Informationsflut trägt dazu bei, dass wir auf allen Ebenen übersättigt sind.

Und genau hier müssen wir mit dem Segnen beginnen! Wir segnen es – und zwar so, wie es ist. Erkennen wir den Segen des Überfordertseins, der uns zeigt, dass wir etwas ändern sollten. Erst wenn wir das angenommen und uns damit ausgesöhnt haben, können wir es hinter uns lassen und uns neu orientieren.

Ich segne meine Anspannung und meine Unruhe.
Entspannung darf sich zeigen.

✳✳✳

Ich segne meine Traurigkeit und umarme sie.

Ich segne meinen Unmut, erlaube ihm, jetzt hier zu sein und lasse mich nicht von ihm beeindrucken.

***

Ich segne meine Ängste und söhne mich mit ihnen aus. Sie beeinflussen mich nicht mehr, sondern machen mich stark und begleiten mich zu neuen Aufgaben.

***

Ich segne das Chaos in meinem Leben, denn das Chaos ist die Ordnung der Natur. In ihm kann Neues entstehen.

***

Ich segne meine Aggressionen sowie meine Ablehnungen und wende mich der Liebe zu.

***

Ich segne meine depressiven Stimmungsschwankungen. Da sie mir nicht gehören, muss ich mich auch nicht um sie kümmern.

***

Ich werde mir ihrer Erscheinung und ihrer Unwirklichkeit bewusst.

***

Ich segne meine Widerstände und beende augenblicklich, hier und jetzt, die Identifikation mit ihnen. Leise ebben sie ab. Ich lasse sie los.

Der richtige Zeitpunkt, die Stille zu entdecken, ist jetzt. Da immer jetzt ist, kannst du sofort damit anfangen und innehalten. Hast du gewusst, dass ständiger Lärm und zu viele äußere Reize Bluthochdruck, Niedergeschlagenheit, Antriebslosigkeit, Konzentrationsstörungen, Nervosität, Aggressivität, Müdigkeit, Lethargie und Lustlosigkeit fördern?

Wenn du dies alles nicht haben willst, dann solltest du jetzt in dich eintauchen, in dein Innerstes eindringen und dort viel Zeit mit dir verbringen. Ständige Aktivitäten berauben dich der wertvollen Zeit, die du auch ganz anders nutzen kannst. Wenn dir schon jetzt die Motivation zum Innehalten fehlt, ist dies ein Zeichen dafür, dass du bereits betroffen bist und unter den Folgen von ständiger Anspannung, Druck und Reizüberflutung leidest. Gehe auf Abstand.

Beende das Leid, indem du das, womit du dich selbst schwächst und blockierst, segnest und dich davon abwendest. Dafür musst du nicht dein Leben ändern oder völlig auf den Kopf stellen. Du musst dieses Vorhaben auch nicht auf den Feierabend oder in deine Freizeit verschieben.

Entdecke die Stille in allem.

Wenn es dir schwerfällt, dann achte auf die Zwischenräume. Auf die Stille zwischen den Worten. Auf die Stille zwischen Aktion und Ruhe. Auf die Stille, die eine Landschaft mit sich bringt, wenn ihre Schönheit nicht durch Gedanken degradiert wird. Es ist wie mit Yoga.

Tu es nicht nur, um fit zu bleiben oder den Körper geschmeidig zu halten. Man praktiziert es, um Stille zu erfahren und diese ereilt dich, wenn es im Kopf ruhig wird. Als würde man die Pause-Taste drücken, um tief durchzuatmen, danach innezuhalten und befreit auszuatmen. Wenn die Gedankenflut endet, erhebt sich der Segen der Stille. Ich wünsche dir von ganzem Herzen, dass du diesen Segen erfährst.

Meine Erfahrungen beim still werden:

_____

_____

_____

_____

_____

Was mich noch stört:

_____

_____

_____

_____

_____

Was sich gut anfühlt:

Beobachte deine Gedanken, die dich in der Stille ereilen und segne sie. Versuche nicht, sie zu vertreiben oder zu unterdrücken. Es ist völlig normal, dass sich noch mehr Gedanken ansammeln, wenn du dich nach innen kehrst. So wie sich die Blumen auf ganz natürliche Art und Weise dem Licht zuwenden, so strömt alles dem Licht zu, weil es erlöst werden möchte. So sind auch die Gedanken zahlreich versammelt, wenn du zur Ruhe kommst, denn auch sie wollen erlöst werden.

Hast du dich schon einmal gefragt, wo deine Gedanken herkommen? Wo sie entstehen?

Du tust so, als ob sie dein Eigentum wären. Der Mensch stellt geradezu Besitzansprüche an Gedanken und brüstet sich damit, dass es seine sind. Er spricht von „seinen Gedanken". Doch Gedanken gehören niemandem. Sie sind auch nicht von Bestand, da sie kommen und gehen. Wie Vögel fliegen sie auf uns zu, und wenn wir sie nicht festhalten, fliegen sie auch wieder weg. Identifiziere dich deshalb nicht mit deinen Gedanken und segne sie einfach. Dann wird es ganz von selbst still, denn die Natur des Menschen ist die Stille und Stille ist Segen.

Menschlichkeit wiederentdecken

Zärtlichkeit und Güte sind keine Zeichen von Schwäche und Verzweiflung, sondern Ausdruck von Stärke und Entschlossenheit.
Khalil Gibran

Segensreich zu leben, ist keine Eigenschaft oder Laune, es ist eine Lebenshaltung, die man einnimmt und über die ich bei vielen meiner Seminare gesprochen habe. Die Jahre vergehen und das Thema hat an Aktualität nichts verloren. Ganz im Gegenteil, es ist wichtiger denn je, sich neu auszurichten. Menschlichkeit verliert ihren Wert, wenn das ignoriert und übergangen wird.

Wir müssen einen Weg zurück zur Menschlichkeit finden und sie leben. Es ist keine einfache Zeit, in der wir uns befinden. Wir sind mittendrin in einem großen Umbruch und haben die Chance, zu den wahren Werten zurückzukehren. Tun wir das nicht, wird sich die Situation weiterhin zuspitzen. Und es ist nicht die Welt, die Regierung oder der andere, der schuld ist.

Wir selbst sind für das verantwortlich, was uns widerfährt. Da die Welt eine Spiegelung im Bewusstsein ist, kann es gar nicht anders sein. Schauen wir nur mal auf unsere Gedanken. Wie sind sie? Gutherzig und wohlgesonnen oder angstvoll, düster und bösartig?

Überprüfe, wo du stehst, wie du denkst und tickst. Die Welt ist dein Spiegelbild. Wie sind deine Gedanken und was denkst du? Welche Gedankengänge verfolgen dich und haben sich tief in dir eingenistet?

Lässt du Gedanken zügellos umherwandern? Bist du achtsam im Umgang mit ihnen? Lässt du dich von ihnen schwächen und entmutigen? Schüren sie Angst? Lebst du nur in Sorge und belebst du deine Ängste und Sorgen ständig aufs Neue?

Lass diese Fragen etwas auf dich wirken und beantworte dann folgende Frage:
Was ist dein Selbstimage in Bezug auf deine Gedankenwelt?

Und wie sieht es mit der Menschlichkeit aus? Lebst du diese Werte? Schaust du auf deinen Nächsten, oder ist er dir egal? Wie steht es um deine Hilfsbereitschaft? Bist du ein Segen für deine Mitmenschen oder eher eine Last?

Schau hin, was diese Fragen in dir auslösen. Sei nachsichtig mit dir selbst und beschuldige dich nicht. Betrachte deine Art und Weise, mit Menschen umzugehen, über sie nachzudenken und dich ihnen gegenüber zu verhalten, nüchtern. Überlege, was du ändern beziehungsweise besser machen könntest:

Was schenkst du deinen Mitmenschen?

☐ Ein offenes Ohr   ☐ Unterstützung
☐ Freundlichkeit   ☐ Freude
☐ Ein Lächeln   ☐ Respekt
☐ Nette Worte   ☐ Wertschätzung
☐ Fürsorge

Nachholbedarf habe ich hier:

Die Fähigkeit zu beobachten, ohne zu werten, ist die höchste Form von Intelligenz. Jiddu Krishnamurti

Wie bereicherst du die Welt? Und zwar durch ...

☐ Zurückhaltung   ☐ _____
☐ eine bewusste Lebensform
☐ bewusste Ernährung   ☐ _____
☐ Klimabewusstsein
☐ Umweltbewusstsein   ☐ _____
☐ Wertschätzung

Nachholbedarf habe ich hier:

Das wünsche ich mir von meinen Mitmenschen:

Lebe ich selbst, was ich mir von anderen wünsche?
☐ Ja ☐ Nein Immer ☐ Selten ☐ Gelegentlich ☐ Weiß nicht

Werde zu einem Vorbild. Sei ein Segen für deine Mitmenschen und die Welt. Du kannst die Welt nicht verändern, aber deine Einstellung, deine Sichtweise und dein Verhalten. Werde zum Segen, indem du zu Bewusstsein erwachst.

Aus dem Tepperwein-Archiv

Genieße mäßig Fülle und Segen; Vernunft sei überall zugegen, wo Leben sich des Lebens freut. Dann ist Vergangenheit beständig, das Künftige voraus lebendig, der Augenblick ist Ewigkeit. Johann Wolfgang von Goethe

Segensreich zu leben, heißt, allem und jedem, der mir begegnet, zum Segen zu werden. Ich kann mich immer wieder fragen, wie ich das Leben des anderen, des Gegenübers, meines Umfelds, ja der ganzen Welt segensreich verändern kann. Segensreich zu leben, bedeutet, alles, was ich tue, als ich selbst zu tun – aus dem Selbst heraus zu wirken, anstatt aus dem Ich heraus der Täuschung zu erliegen, der alleinig Handelnde zu sein. Sich bei allem und ständig bewusst zu sein, bedeutet auch, dass ich in meinem wahren Sein verweile und als diese wunderbare Kraft, die Welt, meinen Alltag, ja alles, was ist, erfülle.

Wenn ich aus der Wirklichkeit des wahren Seins lebe, dann wird alles Tun segensreich sein.

Wer noch der Ich-Identität anhaftet, beginnt am besten damit, segensreich zu leben, indem er Menschen, Dinge, Situationen, Tiere etc. mehrmals täglich segnet. Vorerst segnet man noch das scheinbar andere. Irgendwann erkennt man in jedem Gegenüber nur sich selbst und zwar als Quelle des einen Seins. Dann wird das Segnen als bewusste Handlung von einem abfallen. Dann ist man Segen und erhebt durch sein Sosein völlig unbewusst alles zum Segen, was einem widerfährt oder gegenübertritt.

Ich segne all meine Handlungen, ganz gleich ob ich sie als gut empfunden habe oder nicht. Auch Handlungen, die ich im Nachhinein als falsch betrachte, haben ihre Berechtigung und sind in jedem Fall ein Segen.

Ich segne auch meine Schulden oder Verluste und den, den ich dafür verantwortlich gemacht habe. Ich erkenne, dass ich immer selbst die Verantwortung trage und nichts, was nichts mit mir zu tun hat, geschehen kann. Es gibt nichts, was mir nicht entspricht.

Ich segne das Geld, das ich aus den Händen gebe, und ich gebe es gerne aus. Ich lasse es fließen und so fließt es großzügig zu mir zurück.

Ich segne das, was ist, was kommen wird und was war, ganz gleich wie es ist, gewesen ist oder sein wird.

Ich segne mein Essen und Trinken.

Ich segne meine Gefühle und meine Gedanken, auch wenn sie teilweise unangenehm oder überflüssig sind.

Ich segne alle Familien. Vor allem diejenigen, die sich in schwierigen Lebenssituationen befinden, sollten Segen erfahren.

Ich segne meine Familie und alle Aspekte des täglichen Lebens.

Menschen zu segnen, die man mag, ist einfach. Menschen zu segnen, die einem scheinbar nicht gut gesinnt sind, fällt einem wohl weniger leicht. Gerade hier kann ein Segen heilvoll sein, weil sich ein stockendes Energiefeld auflösen kann. Das Leben ist immer blockiert, wenn wir zwischen Gut und Schlecht unterscheiden. Sind wir im Einklang mit allem, dann kann auch unser Leben in Ordnung kommen.

Ich segne all das, was ich als Probleme, Schwierigkeiten oder Misserfolge bezeichne und lasse mich nicht davon beeinflussen oder irritieren.

Ich segne alle Gespräche. Gleichzeitig schließe ich meinen Gesprächspartner mit ein und dehne den Segen auf ihn aus.

Ich segne voller Dankbarkeit das wunderbare Geschenk, leben zu dürfen.

Ich segne jeden Tag und jeden Augenblick.

Ich segne mein gesamtes Umfeld, bis es die ganze Welt umspannt.

Ich segne meine Angst. Sie ist da, aber sie gehört mir nicht. Ich höre damit auf, sie zu nähren und lasse sie einfach sein.

Ich segne nicht nur meine Gesundheit, sondern auch die Krankheit. Warum darf der Körper nicht auch einmal Schwäche zeigen?

Ich segne die Freude, die sich auch in unangenehmen Situationen zeigen darf. So kann ich die Freude nie mehr verlieren, weil sie Teil meiner Einstellung ist.

Ich segne

Ich segne

Ich segne

Ich segne

Ich segne

Segensreich zu leben, heißt, alles, was ich tue, mit reinem Herzen auszuführen und zu einem segensreichen Abschluss zu bringen. Auch wenn die Umstände nicht optimal sind, kann ich sie segnen. Eine Sache ist immer erst dann abgeschlossen, wenn sie liebevoll und segensreich beendet ist.

Das Ergebnis muss nicht meinen Vorstellungen oder meinem Ego entsprechen, sondern meinem Selbst und das tut es in jedem Fall. Es entspricht mir immer, ganz gleich ob ich damit einverstanden bin oder nicht.

Alles ist meine Entsprechung und damit mein Segen. Ich kann aus allem lernen und mich stets weiterentwickeln. So birgt alles eine Chance hin zum Besseren in sich.

Was für ein Segen das Leben doch ist.

Das Gebet

Werde ein Segen für alle, die dir begegnen; du hast einen Auftrag für alle und wäre es nur ein freundlicher Gedanke, ein Gruß, ein stummes Gebet. Eva von Tiele-Winckler

Wir betonen das Wort Gebet wie folgt: Ge-beet. Wusstest du, dass die meisten Worte eine Botschaft in sich tragen? Vielleicht sprechen wir sie nicht richtig aus oder neigen dazu, sie zu bestimmen oder zu vergleichen. Das bedeutet, dass wir aus Erinnerungen und vergangenen Aspekten Wörtern eine Bedeutung geben, die sie eigentlich nicht haben. Außerdem sind sie mit Emotionen verknüpft und wir reagieren auf jedes Wort anders. Wenn du dir das Wort *Gebet* ansiehst, wie könntest du es noch aussprechen?

Wie wäre es damit, anstatt wie gewohnt „ge-beet" einfach „gebet" zu sagen? In diesem Ausdruck kannst du das Wort gebet (Konjunktiv I) heraushören, dessen Einzahl geben (Präsens) oder gib (Imperativ) lautet. Folglich ist das Wort Geben die Antwort auf die Bedeutung eines Gebets.

Wenn du betest, gibst du etwas, obwohl du zu bitten meinst. Ist das nicht ein spannender Ansatz?

Wer reinen Herzens gibt (und wer betet), wird reich beschenkt. Wer aber nur darauf hofft, etwas zu erhalten, ohne zuvor etwas gegeben zu haben, wird wahrscheinlich enttäuscht werden.

Mag sich das wahre Gebet an Allah, den Herrgott oder den himmlischen Vater, Gott, Jahwe oder Jehova, den Allvater, das Höchste, den Allwissenden, das Ewige, den Schöpfer, Herr Zebaot oder wen auch immer richten, es kommt immer dort an, von wo es ausgegangen ist.

Absender und Empfänger sind eins.

Du bist das alleine und unterscheidest dich von Gott nicht, außer in der Form, die du vorübergehend angenommen hast. Du bist sein Ausdruck, eine Erscheinungsform des Allerhöchsten. Nach den alten Überlieferungen baten die Menschen, die auf Jesus zukamen, um Anweisungen für ein Gebet. Sie sagten nicht, dass er ihnen ein neues Gebet nennen sollte, da sie bereits genug Gebete kannten.

Es ging ihnen um die Wirkung. Die Frage war also, wie man wirksam betet, sodass das Gebet erhört wird und sich erfüllt, wozu es ausgesandt wurde. So wurde ihnen gelehrt, nicht etwas auswendig Gelerntes herunterzuleiern oder Gebete irgendwo abzulesen, sondern ihre Aufmerksamkeit auf Gott zu richten. Es einfach geschehen zu lassen, während die Gedanken in sich, im Heiligesten, ruhen.

Die meisten Menschen beten dann, wenn es ihnen schlecht geht. Sie wollen etwas erbitten und falten die Hände. Ihr Blick geht nach oben und sie ersehnen und erhoffen sich Hilfe. Wenn sich das ganze Wesen eines Menschen nur nach außen hin orientiert und sie sich nie um ihre Innenwelt kümmern, wie können sie dennoch auf Hilfe hoffen, wenn es brenzlig wird? Wie soll das funktionieren?

Wer sich nach innen richtet, und zwar bevor er Probleme bekommt, ist bestimmt besser aufgehoben. Wir können nicht erwarten, dass eine Kraft, die wir Gott nennen, unsere Sorgen hinwegnimmt, wenn wir es uns wünschen. Gott trifft keine Schuld, uns auch nicht. Obwohl wir die Verursacher sind, hat es so etwas wie Schuld niemals gegeben.

Es geht hier nicht um ein religiöses Leben und die Hinwendung nach innen hat auch nichts mit einer Religion zu tun. Religionen sind wichtig und gut, weil sie uns stärken, aber das, was das ganze Leben dirigiert und die Welt am Leben erhält, braucht keinen Deckmantel. Außerdem lässt es sich weder einkleiden noch verkleiden, denn es ist in seiner Unberührtheit und Nacktheit perfekt.

Die perfekte Stille, das makellose Licht, das überall anwesend ist. Es wirkt durch alles und ist alles. Es ist die Essenz allen Seins.

Auch ein Gebet muss nichts Religiöses sein. Es ist als Rück-verbindung zu unserem höchsten Selbst zu verstehen. Allein die Bereitschaft, sich mit dieser Innenschau, diesen Worten nach innen auseinandersetzen zu wollen, bewegt etwas. Es zeigt auf, dass wir einsichtig sind, dass wir unsere Sehnsucht stillen wollen und endlich damit beginnen, uns zu besinnen.

Wir wenden uns von außen ab und öffnen uns unserer Innenwelt. Das ist ein wunderbarer erster Schritt, um ein segensreiches Leben zu kreieren.

Beten an sich kann man nicht im herkömmlichen Sinne erlernen. Hat man es erlernt, muss man über das Erlernte hinausgehen und dem Gebet Leben einhauchen. Es sozusagen beleben.

Wenn die Anwendungen von innen kommen, betet man richtig, denn jeder Mensch betet anders und keiner betet falsch. Jeder betet so, wie es ihm gegeben wird, denn auch hier gilt: Nachzueifern oder das nachzuplappern, was einem anderen geholfen hat, ist nicht dasselbe, als wenn es aus einem selbst heraus geschieht.

Gebete können Trost spenden, doch sollten es nicht bloß gesprochene Worte sein. Die Worte muss man fühlen und in sich aufnehmen. Worte, die mit einer Energie geladen sind, die von innen herrührt, sind kraftvoll und stark. Sie machen Mut und schenken Vertrauen. Sie können den Lebensweg lenken und erleichtern. Sie können uns in dunklen Stunden beistehen und uns über Schwierigkeiten hinwegtragen. Man sollte nicht erwarten, dass sie Wunder bewirken, sondern sie auf wundersame Art und Weise etwas bewirken lassen. Und zwar das, was geschehen soll und nicht das, was wir wollen. Erwartungen sind bei Gebeten ganz bestimmt fehl am Platz.

Segensreiche Worte sind ein Begleiter und kein Radiergummi, mit dem man Probleme auslöschen kann. Dein richtiges Gebet kann bereits irgendwo geschrieben stehen, du kannst es aber auch selbst formen.

Mein spontanes Kurzgebet:

Ewiger Geist kehr bei mir ein,
mach meine Seele leicht und rein.
Gib mir zum Guten Kraft und Licht
und schenk mir heute klare Sicht.

Ewiger Geist komm zu verbreiten,
über uns Dein Gnadenlicht,
dass wir wohl immer weiterschreiten,
in Erlernung unserer wahren Pflicht.
Gib uns Lust für all das Tun,
das Erlernte wohlbehalten,
lass uns in Dir sachte ruh'n,
und das Gute uns erhalten.

Heiliger Geist, Du Geist der Glut,
des Lichtes und der Wonne,
schenk mir Liebe, Freud und Mut
und wärm mich wie die Sonne.
Mach mein Wissen und Gewissen rein,
damit ich sehe, was ich tun soll und was nicht,
mach mein Herz großmütig und fein,
damit ich freudig Gottes Werk verricht'.

***

Mein Auge sieht wohin es blickt,
die Wunder Deiner Werke,
der Himmel prächtig ausgeschmückt,
preist Dich oh Gott der Stärke.

***

Segne, oh Maria, segne mich Dein Kind,
dass ich hier den Frieden auf der Erde find'.
Segne all mein Denken, segne all mein Tun,
lass in Deinem Segen Tag und Nacht mich ruh'n.

***

Oh Gott du hast in dieser Nacht,
so väterlich für uns gewacht,
ich lob' und preise Dich dafür,
und dank' für alles Gute dir.
Bewahre uns auch diesen Tag
vor Sorgen, Not und jeder Plag'.
Die Eltern *(Freunde, Kinder, Namen etc. einsetzen …)*
auch empfehl' ich Dir,
behüte lieber Gott sie mir,
vergilt, oh Herr, was ich nicht kann,
das Gute, das in mir getan.

***

Vater, ich bitte Dich, gib doch auf uns acht
und führe uns am Tage, beschütz uns in der Nacht.
Ich will auch heut' Dein Diener sein
und mein Bestes geben ganz allein.
Mein Tun und Lassen, Freud und Leid,
sei alles Deiner Ehr' geweiht.

***

Maria breit den Mantel aus,
mach Schild und Schirm für uns daraus,
lass uns darunter sicher stehen, bis alle Stürm' vorübergehen.
Mutter voller Güte, uns alle Zeit behüte.

***

Hilf, Maria, es ist Zeit, Mutter der Barmherzigkeit.

Du bist mächtig, uns aus Nöten und Gefahren zu erretten,

denn wo Menschen Hilf' gebricht,

mangelt doch die Deine nicht.

Nein, Du kannst das heiße Flehen

Deiner Kinder nicht verschmähen.

Zeige, dass Du Mutter bist, wo die Not am Größten ist.

Hilf, Maria, es ist Zeit, Mutter der Barmherzigkeit.

Oh, drei Mal wunderbare Mutter, hilf uns und bitte für uns!

Oh, drei Mal wunderbare Mutter, schütze unser Vaterland!

Oh, drei Mal wunderbare Mutter, segne die ganze Welt.

Maria mit dem Kinde lieb uns allen Deinen Segen gib.

***

Mein Herzens-Gebet:

Heute wird' ich glücklich sein
und in meinem Herzen rein,
will in allem Gutes sehen,
nichts bewerten, nichts verschmähen.
Hilf mir, wenn ich mich entferne,
aus der Mitte und verlerne,
stetig in mir selbst zu ruh'n
und den Menschen Gutes tun.
Zu erleichtern ihre Last.
Ohne Eile, ohne Hast,
einfach für sie da zu sein
und zu schmälern ihre Pein.
So ist es doch die Menschlichkeit,
die Ursprung ist von Lebensfreud'.

***

Zur Wiederholung: Das wirkliche Gebet liegt nicht in den Worten, sondern in der Inbrunst und Hingabe. Solange die Worte nicht das Empfinden des Betenden verkörpern, werden sie ihre Wirkung verfehlen. Das lässt sich mit einer wohlschmeckenden Mahlzeit vergleichen.

Wer unter Stress kocht und keine Freude daran hat, wird bemerken, dass das Essen nicht schmeckt. Wird es allerdings freudvoll zubereitet, wird es auch dementsprechend munden. Das Ergebnis ist also abhängig von der Art und Weise, wie etwas getan wird. Bei einem Gebet geht es nicht um ein Ergebnis oder um ein Ziel, sondern um das Tun, das Gebet an sich.

Wer in der Natur spazieren geht und sich dabei denkt, dass er noch eine halbe Stunde Zeit hat, schnell gehen muss, um danach noch dies oder das zu erledigen, wird keine Entspannung finden. Auch hier zählt der Augenblick.

Wer im Augenblick ist, muss sich um das Ergebnis nicht kümmern. Wer den Augenblick erfüllt, wird Erfüllung erfahren.

Wer sein Gebet erfüllt, indem er es mit seinem ganzen Herzen ausspricht, verkörpert und fühlt, wird sich wohlfühlen. Allein dieses Wohlgefühl ist die Ursache für Wohlstand. Wohlstand hat nichts mit Reichtum, materiellem Besitz oder Geld zu tun. Wohlstand ist Segen. Es bedeutet nämlich, dass einem alles zum Wohle steht. Wo Ablehnung, Widerstände oder Abneigungen vorhanden sind, kann mit keinem guten Ergebnis gerechnet werden.

Alles mit Freude zu tun, ist der Schlüssel zum Glück. Es gibt nichts, was es nicht verdient, freudvoll getan zu werden. Egal, was du tust, welche Arbeit zu verrichten ist, sei ganz bei der Sache und liebe das, was du tust.

Da es keine unnützen Arbeiten gibt, welchen Grund sollte es geben, etwas lieblos, hartherzig oder mit Widerwillen auszuführen?

Folgende Aufgaben sind mir am liebsten:

Folgende Aufgaben sind mir gleichgültig:

Folgende Aufgaben mache ich nur ungerne:

Folgende Aufgaben gehen mir gegen den Strich und nerven mich:

Es gibt sie, die Menschen, die alles mit Freude tun und denen es scheinbar nie schwerfällt, eine gewisse Leichtigkeit und Fröhlichkeit beizubehalten. Und zwar unabhängig von den Umständen.

Das Wort Hingabe haben sie in ihr Leben integriert und leben es. Die Hingabe ist eine Gabe, die uns allen innewohnt.

Hingabe und Leichtigkeit

Der Segen liegt im Augenblick.

Vor vielen, vielen Jahren las ich in einem Buch etwas über Hingabe. Dort ging es um genau dieses Thema, nämlich Freude an all seinen Aufgaben und Pflichten zu haben. Ob es die Kinderbetreuung, die Buchhaltung oder der Abwasch ist, wir alle kennen Dinge, die wir nicht so gerne verrichten. In diesem Buch las ich folgenden Tipp:

Was auch immer du tust, tue es für Gott. Stell dir vor, dass du den ganzen Tag von ihm beobachtet wirst und dir unsichtbare Augen dabei zusehen, wie du deine Aufgaben verrichtest. Ich meine, es könnte Pater Pio gewesen sein. Ich setzte seine Worte sofort um und stellte mir vor, dass die höchste Kraft allem beiwohnt. Das tut sie ohnehin, aber als ich mir dieses Bild vor Augen hielt, bemerkte ich tatsächlich, dass sich mein Tun anders anfühlte.

Es ist ganz gleich, welche Eselsbrücke du dir baust, wichtig ist, dass du wirklich lernst, allem liebevoll zu begegnen und jede Arbeit gewissenhaft, sorgfältig und freudvoll zu erledigen. Das ist eine Haltung, die glücklich macht. Eine segensreiche Haltung! Ein segensreiches Verhalten, das Segen in dein Leben bringen wird. Volle Präsenz kombiniert mit Lebensfreude, und zwar in allen Dingen, ist wie ein Magnet. Dieser Magnet zieht den Segen magisch an. Auch Zufriedenheit, Glückseligkeit und Gelassenheit werden nicht auf sich warten lassen, sobald du damit beginnst, alle Facetten des Lebens zu lieben. Wer alles liebt, wird eine große Veränderung erfahren, denn wo wahre Liebe ist, ist Leid nicht vorhanden.

Dies bedeutet nicht, dass dein Leben frei von Problemen abläuft und du auf einer unberührten rosa Wolke schwebst. Es bedeutet, dass du damit beginnst, das Leben anders zu betrachten. Du wirst in der Lage sein, den Umständen anders zu begegnen und dich anders zu verhalten, weil dein Blickwinkel sich verändert hat. Du wirst dich nicht mehr persönlich betroffen fühlen und kannst den Dingen frei von Angst und Widerstand gegenübertreten. Es entsteht eine Distanz, die dich das Leben wie einen Film wahrnehmen lässt. Sein Ablauf ist, wie er ist und du kannst mit all seinen Situationen so umgehen, damit sie nicht belastend und erdrückend auf dich einwirken. Der Druck weicht.

Wenn der Druck weicht, kommt Segen zum Vorschein. Er ist die Grundlage allen Seins. Er lebt in dir. Wende dich deswegen nach innen und verliere dich nicht mehr in unnötigen Gedanken und Handlungen. Strebe und mutiere zu dem, was du bist und lege den Schleier der Verborgenheit ab. Du bist viel mehr als ein Körper. Du bist viel mehr, als du dir denken kannst.

Was kann und werde ich zukünftig ändern, um alles mit Freude zu tun?

Wie empfindest du eigentlich das Wort Gnade? Oder Hingabe? Diese Wörter scheinen emotional besetzt zu sein und haben mit Vorurteilen zu kämpfen, eigentlich zu Unrecht. Auch hier besteht wieder die Gefahr, dass sie mit Religion in Verbindung gebracht werden.

Wörter wären wie alles andere frei, wenn wir nicht über sie bestimmen würden.

Natürlich versteht jeder unter diesen Worten etwas anderes, da die Wörter selbst keine Eigenschaft besitzen.

Welche Eigenschaft gibst du der Gnade?

Und welche Interpretation stülpst du der Hingabe über?

Denkst du bei Gnade an Gott? Oder bei Hingabe an Unterwürfigkeit? Oder an etwas, was für dich unangenehm zu sein scheint?

Was macht das Wort Gnade mit dir?

Was löst das Wort Hingabe in dir aus?

Was verknüpfst du mit dem Wort Segen?

Es ist – für uns selbst – anstrengend, der Welt zu begegnen – auf welche Art und Weise auch immer – der Welt, ihren Bewohnern, den Tieren, den Pflanzen, den Worten, den Gedanken, unseren Aufgaben, Emotionen etc.

Widerstände und Ablehnungen erzeugen Spannungen. Verspannungen bedeuten Druck und Druck versetzt den Menschen in eine unnatürliche Anspannung. Wer in solchen Zuständen lebt, wird mit Worten wie Hingabe, Gnade oder Segen nichts anfangen können. Bei manchen lösen sie Aggressionen aus, Kopfschütteln oder auch Gleichgültigkeit. Was ist nur aus uns geworden?

Sind wir wirklich so kalt und so stumpf, wie wir uns zeigen?

Oder ist es ein Selbstschutzmechanismus, weil uns alles zu viel wird und wir mit den Umständen nicht zurechtkommen?

Mach es wie die Umstände. Sie müssen mit dir ja auch zurechtkommen. Es nutzt nichts, gegen etwas zu sein, diese Einstellung macht es nicht besser und ändert nichts daran, wie es sein muss und sein soll. Frag niemals nach dem Warum. Es gibt keine Antwort.

Es gibt immer etwas zu lernen. Deshalb achte darauf, was dir Situationen und Menschen als Spiegelungen im Bewusstsein sagen wollen. Überall lauern Botschaften. Entschlüssle sie!

Wir sollten uns Entspannungsübungen zuwenden, um in unsere Mitte zu kommen und auch dort zu bleiben. Wer entspannt ist, geht mit Herausforderungen anders um. Nur die Leichtigkeit führt zu einem segensreichen Leben. Misstrauen, Unmut, Aggressionen, Zorn und jegliches andere eigenartige Verhalten mit Bestimmtheit nicht. Ist das Verhältnis zwischen Anspannung und Entspannung ausgewogen, sind wir körperlich, seelisch und geistig im Gleichgewicht. Allerdings sind wir beruflich und privat sehr eingespannt und ständig einer hohen Flut an Reizen ausgesetzt, die es uns nicht gerade leicht macht.

Du musst alles aufgeben, um alles zu bekommen, hat ein weiser Meister einst gesagt. Gib schlechte Gewohnheiten auf und bemühe dich darum, regelmäßig Entspannung in dein Leben zu bringen. So kommt auch der Körper mit seinen Muskeln zur Ruhe, das Gehirn kann rasten und Sorgen und Nöte werden beurlaubt. Friede tritt ein, weil plötzlich alles andere unwichtig ist. Das andere war nie wirklich wichtig oder problematisch. Unsere Ängste und Befürchtungen haben das Belastende ins Leben gerufen, ihm diesen Stellenwert gegeben und ihre Schwierigkeit genährt.

Hier geht es nicht darum, Probleme zu ignorieren, sondern sie auf Abstand zu halten. Und zwar gedanklich und emotional. Bitte nicht wegschieben, sondern gelassen bejahen. Das bedeutet, dass du mit allem im Einklang bist und ihm deinen Segen gibst, ganz gleich wie es sich zeigt. Wenn du jetzt in genau diesem Augenblick die Augen schließt und an nichts denkst, was ist dann noch da? Eigentlich nichts, oder?

Neben der Meditation ist auch autogenes Training gefragter denn je. Hier gibt es Wärmeübungen, Herzübungen, Sonnengeflechtsübungen und viele Möglichkeiten mehr, um sich zu sammeln und zu stärken. Auch Hypnose kann eine Möglichkeit sein, in eine tiefe Entspannung einzutauchen. Durch Imagination kannst du nicht nur ein Leben mitgestalten, sondern sogar verschiedene Verhaltensmuster korrigieren. Dazu braucht es nur eine Vorstellung, die so empfunden wird, als würde sie augenblicklich geschehen, also gefühlt bereits geschehen sein. Begleitet von einer tiefen Überzeugung, dazugehörigen Emotionen und einer aufrechten Dankbarkeit steht einem Ergebnis nichts mehr im Wege. Ist es richtig, dass du nur für etwas dankbar sein kannst, was bereits eingetroffen ist? Was also geschieht, wenn du von etwas überzeugt bist, es als Wahrheit empfindest und gleichzeitig die Freude verspürst? Müsste es dann nicht auch eintreffen bzw. stattfinden?

Welche Erfahrungen hast du mit Imagination bereits gemacht?
☐ Keine ☐ Weiß nicht ☐ Folgende:

Die Kraft der Imagination habe ich schon so oft angesprochen. Viele Menschen finden sie toll, aber nur wenige von ihnen wenden sie auch regelmäßig an. Imagination kann man trainieren, so wie ein Pianist mit täglichen Übungen seine Fingerfertigkeit schult, um seine Fähigkeit zu steigern. Genauso solltest du es mit der Innenpflege halten, mit Imagination, mit dem Segnen und all dem anderen, was dir guttut und deine Lebensqualität verbessert. Disziplin ist auch so ein Wort, das falsch interpretiert wird. Disziplin ist eigentlich die regelmäßige Ausführung von etwas und hat nichts mit Müssen, Verbissenheit oder Härte zu tun. Disziplin ist auch nichts Schweres oder Anstrengendes, sondern etwas, was man kontinuierlich einfach immer und fortwährend lebt und mit der Zeit als natürliche Haltung wahrgenommen wird. So wie wir jeden Tag kochen, essen, Zähne putzen und schlafen gehen, so sollten wir auch die segensreichen Handlungen nicht mehr aus den Augen verlieren. Man findet so vieles gut, inspirierend und toll, aber man macht es einfach nicht.

Es gäbe so viele Hilfsmittel oder Möglichkeiten, die uns das Leben erleichtern könnten, aber irgendwie machen wir es uns schwer, ohne es selbst zu bemerken. Wir verwehren uns das Glück durch Stagnation und Nicht-Handeln und geben dann anderen oder dem Leben die Schuld. Machen wir es uns zu leicht? Eher doch zu schwer! Der Mensch ist ein Gewohnheitstier und es scheint eine Kunst zu sein, alte Gewohnheiten loszulassen und durch neue zu ersetzen. Auch das wäre ein Segen.

Folgende Gewohnheiten möchte ich ändern:

Folgendes möchte ich mir angewöhnen:

Diesbezüglich werde ich zukünftig achtsamer und disziplinierter sein:

Gebete, denen ich das vorherige Kapitel gewidmet habe, bringen uns in den Augenblick. Bette ins Gebet die Hingabe ein und der Tag wird wunderbar werden.

Morgengebet

Auch dieser Morgen ein Gedanke,
der kühle Tau das Gras bedeckt,
und jeder Schritt weist mir die Schranke und zeigt das Maß,
das mir gesteckt,
die Sonne scheint, entfernt sich hoch, der Tag ist voll erwacht,
Entfernungen verlieren sich, das Herz vor Freude lacht.
Nun diese Freude mich erquickend durch den Tag geleitet,
Friede, Freud', Glückseligkeit, das Herz mir stetig weitet.
Die Sonne hat ihr Glühen mir warm ins Herz gelegt,
in Demut dankbar rühmend, drin Liebe jetzt entsteht.
Sie ist darinnen nicht entstanden, ewig ist sie schon da,
ist's deine Liebe, Vater, jetzt wird sie mir gewahr.

Okay, die Frage ist berechtigt: Was soll ich in diesen schwierigen und wilden Zeiten mit so einem Gebet anfangen?

Nicht noch zusätzlich diese Frage stellen. Wie wäre es damit, einfach mal alle viere sein zu lassen und den Kopf zu ruhen? Ab in die Natur und mit den Bäumen auf Tuchfühlung gehen! Ich weiß, es klingt banal, aber es verfehlt seine Wirkung bestimmt nicht, wenn du dich von ganzem Herzen darauf einlässt und an deine Größe glaubst.

Vertraue dem Leben, auch wenn es schwierig erscheint. Bleib bei dir und lass dich von den Tumulten nicht ablenken. Ruhe in dir selbst.

Intuition – die innere Stimme

Dinge zu segnen, ist keine geplante Aktivität, an die Erwartungen geknüpft sind. Es ist eine intuitive Haltung, die jeder Mensch einnehmen kann.

Intuitive Menschen mögen sich leichter damit tun, den Segen als aktive Lebensform in ihr Leben zu lassen. Intuition ist ja nichts anderes als die Sprache des Herzens und der Seele. Somit könnte man die intuitive Wahrnehmung als Gegenpol der Gedanken bezeichnen.

Hast du deine innere Stimme schon einmal vernommen?
☐ Ja ☐ Nein Immer ☐ Selten ☐ Gelegentlich ☐ Weiß nicht

Hast du Zugang zu deiner inneren Stimme?
☐ Ja ☐ Nein Immer ☐ Selten ☐ Gelegentlich ☐ Weiß nicht

Wie häufig lässt du diese innere Kommunikation gewähren?
☐ Nie Immer ☐ Immer öfter ☐ Selten ☐ Manchmal
☐ Gelegentlich ☐ Weiß nicht

Reagierst du auf innere Impulse, oder übergehst du sie?
☐ Ja ☐ Nein Immer ☐ Selten ☐ Gelegentlich ☐ Weiß nicht

Setzt du Impulse sofort um und führst sie auch weiter aus?
☐ Ja ☐ Nein Immer ☐ Selten ☐ Gelegentlich ☐ Weiß nicht

Erinnerst du dich an eine Situation, wo eine intuitive Handlung zu einem erwünschten oder besseren Ergebnis beigetragen hat?
☐ Ja

☐ Nein ☐ Weiß nicht

Hast du das Gefühl, für andere Menschen ein Segen zu sein?
☐ Ja ☐ Nein Immer ☐ Selten ☐ Gelegentlich ☐ Weiß nicht

Intuitive Menschen können sich wirklich glücklich schätzen. Glaube aber nicht, dass intuitive Menschen besser sind. Wir alle tragen die Intuition in uns, weil sie unser aller Lebensbegleiter ist. Man kann nicht ohne Intuition sein. Manche Menschen spüren einfach mehr und andere weniger. Geistige Intuition kann man schulen, auch wenn man sie nicht erlernen kann.

Je öfter du deiner inneren Stimme folgst, desto besser wirst du sie wahrnehmen können. Jeder Mensch ist auf Empfang. Er trägt einen unsichtbaren und übersinnlichen Wahrnehmungsapparat in sich. Es ist sozusagen der sechste Sinn. Die Intuition hilft dir dabei, dich durchs Leben zu navigieren. Sie ist es, die ein segensreiches Dasein stärkt und es lebenswert macht. Da sie immer da ist, solltest du nach innen hören und vor allem sehr aufmerksam sein. Werde öfter mal still und gehe in dich, bevor du weitereilst oder unbedacht vorschnelle Entscheidungen triffst. Wenn du dies befolgst, wirst du den Wert deiner inneren Stimme erkennen. Sie ist wie ein Lotse und sorgt dafür, dass es in deinem Leben weniger Umwege gibt.

Das Leben wird leichter, weil du die richtigen Schritte tust. Und zwar die, die anstehen. Somit ist Intuition wahrhaftig ein Segen.

Was aber tun, wenn man trotz allem keinen Zugang zu ihr hat, oder besser gesagt sie einfach nicht spürt? Dann schwingst du nicht richtig. Die Intuition entspricht einer gewissen Frequenz, auf die du dich einstimmen und einlassen musst. Hier sind Feingefühl, Geduld und Zeit gefragt. Auf die Frage hin, was man tun kann, wenn man die Intuition nicht fühlt, stelle ich eine Gegenfrage: Was muss ich tun, um zu atmen? Wie du weißt, geschieht dies ganz von selbst. Keiner weiß, wie es vonstattengeht, aber jeder tut es.

Intuition ist in jedem Augenblick anwesend. Äußere Verwick-lungen, so wie das ganze Außenleben, machen uns stumpf, grob und gefühlskalt. Wenn du deine Innenwelt über die Außenwelt stellst, wird sich deine Intuition ganz von selbst zeigen. Dies bedeutet nicht, dass du dein Leben ignorieren oder vernachlässigen sollst. Es heißt auch nicht, dass du dich jeden Tag zu einer Stunde Meditation zwingen musst. Es bedeutet, dass du während des Tages, und zwar immer, in dir ruhst, ganz gleich was geschieht und was du tust. Es heißt, dass du dich dem Segen des

Augenblicks hingibst und eins bist mit allem, was ist. Es ist ganz gleich, ob du eine Zeitschrift liest, am Computer sitzt oder das Essen vorbereitest.

Auch wenn um dich herum viel geschieht, ist es in dir ruhig und still. Du beteiligst dich innerlich nicht mehr am Geschehen, obwohl du äußerlich mittendrin bist.

Es verändert sich nichts, außer dass du in deiner Mitte bleibst und dich von dem, was dich umgibt, weder ablenken noch beeindrucken lässt. Deine Gedanken hören auf, sich ständig und überall auf alles zu beziehen und auf Interpretationen wird verzichtet. Sie tauchen erst gar nicht mehr auf, weil deine Sinne in dir ruhen. Die Sinne sind wie kleine Kinder, die die ganze Zeit irgendwo herumtollen und ständig aktiv sind. Du funktionierst auch ganz gut mit inaktiven Sinnen. Sie müssen ja nicht ständig mit etwas beschäftigt sein, oder?

An diese Erfahrung kann ich mich besonders gut erinnern. Hier hat meine Intuition Folgendes bewirkt:

Wer sein Vorstellungsvermögen stärkt, verbessert auch seine Intuition. Innere Wahrnehmungen wie Stimmen, Bilder oder Impulse meinen es gut mit uns. Bei Kindern ist das Vorstellungsvermögen besonders stark ausgeprägt, die Fantasie kennt keine Grenzen. Sie malen sich in allen Farben etwas aus. In der Welt des Erwachsenen scheint kein Platz mehr für diese inneren Bilder zu sein, sie verkümmern.

Dies soll uns nicht entmutigen, diese Fähigkeit wieder zum Leben zu erwecken. Durch Imagination, der bewussten Vorstellung, kann es ganz leicht gelingen.

Die praxisorientierte Schulung kann in etwa so aussehen: Richte die Aufmerksamkeit auf einen Gegenstand und konzentriere dich voll und ganz darauf. Präge dir das, was du siehst, gut ein. Jede Einzelheit ist wichtig. Formen und Farben, aber auch Gerüche runden das Bild ab. Wenn du das Bild verinnerlicht hast, dann schließe die Augen und projiziere das eben Gesehene auf deine innere Leinwand. Lass das Bild im Inneren lebendig sein und versuche es genau so wahrzunehmen, wie du es mit deinen Augen gesehen hast.

Sollte dir diese Übung nicht auf Anhieb gelingen, dann schieb sie trotzdem nicht einfach beiseite. Wiederhole sie, wann immer du möchtest, wobei sich das Übungsfeld Natur am besten dafür eignet. Soweit ich mich zurückerinnern kann, bei mir hat es auch nicht sofort geklappt. Ich habe mich darin geübt und das erste gute Ergebnis wurde mir in Form einer Blume zuteil. Viele Menschen beschäftigen sich lieber mit ihrem Handy, ihrem Computer oder anderen Dingen anstatt mit sich selbst. Alles mit Maß und Ziel. Tu, was dir Freude macht und was dich entspannt, aber vergiss dabei nicht auf deine inneren Bedürfnisse. Sie könnten vertrocknen, wenn du dich nicht um sie kümmerst. Ist bereits eine Verkrustung vorhanden, dann braucht es mehr Zeit und Anstrengung, um diese aufzulösen.

Es ist an der Zeit, sich vorzugsweise seinem eigentlichen Wesen zuzuwenden und es aufzuspüren. Die Intuition findet in Zeiten von Geschäftigkeit, Zerstreuung und Ablenkung kaum zu dir. Mach dir bewusst, dass der Erfolg einer inneren Ausgeglichenheit, Zufriedenheit und Gelassenheit alleine von deinem Einsatz abhängig ist.

Setz es dir nicht als Aufgabe, der du nachkommen musst, sondern sieh es als Experiment an, dem du mit Freude und Neugier begegnest. Auch wenn du beim Visualisieren oder Imaginieren nichts sehen kannst und dein inneres Bild leer bleibt, so hast du zumindest in dieser Zeit an nichts gedacht. Und da ein jeder Gedanke bekanntlich Ursachen setzt, bist du diese für eine Weile umgangen. Du warst im Augenblick und alleine das ist ein Geschenk. Ein Geschenk, das dir allerlei Unannehmlichkeiten erspart und somit segensreich ist.

Es spricht zu dir

Lass deine Taten sein wie deine Worte. Und deine Worte wie dein Herz. Ludwig Uhland

Intuition spricht zu dir. Du kannst sie nicht mit den Ohren hören, sondern innerlich vernehmen. Es sind Impulse, die zu dir finden, denen du Gehör schenken kannst oder auch nicht. Das, was zu dir vordringt, besitzt eine Kraft, auch wenn sie ungenutzt bleibt. Es ist wie mit dem ausgesprochenen Wort, das ebenfalls kraftvoll und wirksam ist.

Wörter können erfreuen oder glücklich machen, sie können aber auch zerstörerisch sein. Wer darauf losplappert und sich nicht bewusst ist, dass jedes Wort eine Wirkung erzeugt, sollte seine Haltung unbedingt überdenken. Worte können ein Segen sein, oder auch ein Fluch.

Viele Wörter, Sätze oder Phrasen wiederholen sich Tag für Tag, ohne ihre Wirkung zu verfehlen. Ihre Auswirkungen können fruchtbar, aber auch verheerend sein. Bist du dir dessen bewusst? Alle Wörter, die uns über die Lippen kommen, haben einen Einfluss auf unser Wohlbefinden, auf unser Leben. Sie prägen uns und sind Ausdruck unserer Innenwelt. Dass wir uns mit negativ besetzten Worten und Formulierungen nur selbst verletzen, versteht sich von selbst.

Mir geht es darum, dass es für dich so selbstverständlich wird, dass du zukünftig überprüfst, was deine Lippen verlassen soll und was nicht. Das noch nicht Ausgesprochene ständig zu überprüfen, damit ungewollte Folgen erst gar nicht über dich kommen, ist das Ziel. Achte einfach darauf und sprich nichts aus, was dir im Nachhinein leidtun könnte.

Segensreiche Worte:
Du bist die Liebe, guter Gott, das sagt mir, was ich schau:
der Morgenstern, das Abendrot, das holde Himmelsblau.

Der Vogel singt, von Dir genährt, voll Lust am grünen Ast,
sein frohes Lied uns Menschen lehrt, wie Du so lieb uns hast.

Der Blumen hundertfarb'ner Pracht, im Tale weit und breit,
die Du, oh lieber Gott, gemacht, zeigt Deine Freundlichkeit.

Durch Gras und Blumen fließt der Quell, in sanfter Silberflut,
auch er verkündet, klar und hell, wie lieb Du bist und gut.

Auch in der Sonne hellen Glut strahlt Deine Liebe mir.
Sie ist in ihrem Strahlenglanz ein Fünkchen nur von Dir.

Inmitten dieser Herrlichkeit, die Deine Liebe schuf,
hast Du uns Menschen hingestellt, was ist nun mein Beruf?

Ich soll an all der Herrlichkeit nicht kalt vorübergeh'n,
soll Deine Liebe hocherfreut in all den Werken seh'n.

Die Wortwahl fällt nicht nur auf uns selbst zurück, sondern beeinflusst auch unsere Gesprächspartner, ja unser Umfeld. Ein Kind, das ständig angeschrien wird, ein Hund, der sich lautstarken Frust anhören muss, oder der Partner, der ständig mit einer unüberhörbaren Unzufriedenheit konfrontiert wird, fühlen sich bestimmt nicht wohl in ihrer Haut.

Müssen wir unbedingt schlechte Stimmung verbreiten, unsere Hässlichkeit andere spüren lassen?

Gesegnet seien jene, die nichts zu sagen haben und den Mund halten. Oscar Wilde

Der größte Segen ist das Herz

Das eine Auge des Fotografen schaut weit geöffnet durch den Sucher, das andere, das geschlossene, blickt in die eigene Seele.
Henri Cartier-Bresson

Inspirationen für Herzwohl und Seelenzufriedenheit können segensreiche Worte sein. Sie laut zu lesen, um sie zu spüren und ihre heilende Wirkung zu vernehmen, ist eine Möglichkeit. Lass folgende Herzzitate auf dich einwirken. Belasse es nicht dabei, zu sagen oder zu denken, dass du das eine oder andere Zitat schön findest und es dann wieder vergisst.

Lass das, was dich bewegt, zu deinem Leitsatz werden und inspiriere dein Umfeld. Wer Menschen inspiriert, wird selbst zur Inspiration, was von Menschlichkeit zeugt. Und genau diese gilt es zu erwecken, um ein Segen für die Welt, sich selbst und andere zu sein.

Der große Schatz namens Segen ruht im Herzen aller Lebewesen. Jeder kann ihn für sich entdecken.

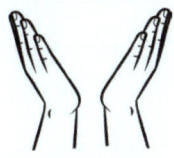

Danke, dass du mir zugehört hast!
Du bist ein Segen für die Welt.
Du bist unglaublich stark und schön. Die
Bestätigung dafür wirst du nicht im Spiegel,
sondern in der Stille deines Herzens finden,
wenn der Raum in dir entrümpelt ist.

Herzliche Grüße
Dein Kurt Tepperwein

Das menschliche Herz hat eine fatale
Neigung, nur etwas Niederschmetterndes
Schicksal zu nennen.

Albert Camus

Das schönste Denkmal,
das ein Mensch bekommen kann,
steht in den Herzen der Mitmenschen.

Albert Schweitzer

Die Wahrheit ist vorhanden für den Weisen,
die Schönheit nur für ein fühlendes Herz.

Friedrich Schiller

Es muss von Herzen kommen,
was auf Herzen wirken soll.

Johann Wolfgang von Goethe

Der Kummer, der nicht spricht,
nagt leise an dem Herzen, bis es bricht.

William Shakespeare

Der Verstand kann uns sagen,
was wir unterlassen sollen. Aber das Herz
kann uns sagen, was wir tun müssen.

Joseph Joubert

---

*Ich möchte Bündigeres, Einfacheres,
Ernsteres. Ich möchte mehr Seele und mehr
Liebe und mehr Herz.*

Vincent van Gogh

Man kann einem Menschen nichts lehren,
man kann ihm nur helfen,
es in sich selbst zu entdecken.

Galileo Galilei

Um das Tragische und das Komische im
Leben zu sehen, dazu gehört ein großes,
warmes Herz.

Emanuel von Bodman

Mancher findet sein Herz nicht eher,
als bis er seinen Kopf verliert.

Friedrich Nietzsche

Lass deine Taten sein wie deine Worte.
Und deine Worte wie dein Herz.

Ludwig Uhland

Viel Kälte ist unter den Menschen,
weil wir nicht wagen, uns so herzlich zu
geben, wie wir sind.

Albert Schweitzer

Im Buchhandel und Internet finden Sie stets brand-aktuelle Themen, sowie zeitlose Wissensschätze von *Kurt Tepperwein!*

Folgende Bücher und E-Books können Sie direkt über den BoD-Verlag (www.bod.de/www.bod.ch) detailliert einsehen, bevor Sie sich für Ihr Wunschthema entscheiden:

- Ab heute bin ich frei!
- Bäume ausreißen! – Trainingsheft für mehr Motivation
- Berufskrise ade! – Frei sein von Arbeitssucht, Stress, Burn-out, Mobbing, Innerer Kündigung und Arbeitslosigkeit Bewusstseinssprung in eine neue Dimension
- Blinddate mit Magen und Darm
- Bring Farbe in dein Leben mit Dankbarkeit
- Bring Farbe in dein Leben mit einem einfachen Lächeln
- Bring Farbe in dein Leben mit Heiterkeit
- Bring Farbe in dein Leben mit Herzensfülle
- Bring Farbe in dein Leben mit Hingabe pur
- Bring Farbe in dein Leben mit Liebesweisheit
- Bring Farbe in dein Leben mit Seelenkraft
- Bring Farbe in dein Leben mit Stille in dir
- Bring Farbe in dein Leben mit Wertschätzung
- Bring Farbe in dein Leben mit Zeitlosigkeit
- Das Buch der Erfolgsgesetze
- Die hohe Schule des Lebens
- Die Kunst mühelosen Lernens
- Die Praxis der geistigen Gesetze
- Die Renaissance der Frauenpower – 7 Schritte zur Liebesfähigkeit
- Du bist wie du bist!
- Ein Leben ohne Ängste und Sorgen? – Trainingsheft für mehr Lebensqualität
- Einfach nur schön
- Endlich wieder FIT! – Trainingsheft zur Gesunderhaltung
- Erwachen zum wahren Sein
- Folge deinem Leitstern
- Frau sein – ganz sein, Mentaltraining für eine neue Weiblichkeit
- Geistheilung durch sich selbst
- Gelassenheit
- Gelebte Achtsamkeit

Unsere Download sind in
allen gängigen Online-Portalen erhältlich!

Bei unserer großen Auswahl an Hörspielen
stehen auch unterschiedliche Downloads
zum Thema **Segnen** zur Verfügung!

Über 800 Tepperwein-Hörspiele und musikalische
Highlights begeistern unsere Hörer!

In unserer Tepperwein-Mediathek www.iadw.com
können Sie zahlreiche themenbezogene CDs erwerben.